우산
챙겨 왔냐고
물었다

우산 챙겨 왔냐고 물었다

초판 1쇄 발행 2024년 8월 12일

지은이 박삼용
펴낸이 장길수
펴낸곳 지식과감성#
출판등록 제2012-000081호

교정 김나현
디자인 서혜인
편집 서혜인
검수 정은솔, 이현
마케팅 김윤길, 정은혜

주소 서울시 금천구 벚꽃로298 대륭포스트타워6차 1212호
전화 070-4651-3730~4
팩스 070-4325-7006
이메일 ksbookup@naver.com
홈페이지 www.knsbookup.com

ISBN 979-11-392-2059-9(03810)
값 16,700원

- 이 책의 판권은 지은이에게 있습니다.
- 이 책 내용의 전부 또는 일부를 재사용하려면 반드시 지은이의 서면 동의를 받아야 합니다.
- 잘못된 책은 구입하신 곳에서 바꾸어 드립니다.

지식과감성#
홈페이지 바로가기

우산 챙겨 왔냐고 물었다

박삼웅 에세이

생사를 넘나드는 긴박한 순간에 우산을, 참 어이가 없었다.
우산이라니. 형님 옆에 막내를 간호하던 나이 드신 큰누나도 나도
순간 형님 얼굴을 쳐다봤다. 형님 누나는 나에게 몇 번을 고맙다고 하셨다.
나도 고마웠다. 형님이 살아 있어서.

프롤로그

'압니다.'
'그건 제가 다 알아요.'라고 하는 말을 종종 듣습니다. 상대방의 말에 이런 말로 응수하는 사람들은 어디에나 꼭 있을 겁니다. 다만 대화 도중 '압니다.'라고 대답하면 '당신 말은 더 이상 듣고 싶지 않아요.'라는 기분이 들기도 합니다. 나만 그렇게 생각할지도 모릅니다.

얼마 전 모임에서 회원들과 이야기한 적이 있었습니다. 내 말에 호응하지 못한 사람도 있었습니다. 그때 나는 강하게 말했습니다. 내 말이 옳다는 식이었습니다. 며칠 후 우연한 기회에 나는 그날의 대화 내용을 인터넷으로 찾아보았습니다. 그때부터 '아, 이러면 안 되는구나, 내가 아는 게 다가 아니구나.'를 깊이 새기게 되었습니다. 그날의 내가 너무나 창피해 그때부터 '안다'는 말을 경계하기 시작했습니다. 물체를 사방에서 보면 방향에 따라 다른 모양이 보이듯 세상에 정답이 꼭 하나인 게 얼마나 존재할까요? 사전을 찾아보면 한 가지 단어에 여러 가지의 뜻이 존재한다는 걸 이미 오래전부터 알고 있었지만, 앎을 넘어 깨닫는 현명함을 잃어버린 채 살았습니다.

그날 이후 고민하게 되었습니다. 나는 어떤 사람일까? 철학자들의 심오한 고민과는 차원이 다른 지극히 단순한 고민이었습니다. 나를 아는 방법으로 나와의 대화가 필요했습니다. 나와의 대화는 기억들의 조각에서 그때의 생각과 행동을 되돌아보는 것이라 생각했습니다. 나를 알고 누군가와 공감하고 싶어 이 글을 썼습니다. 지금까지의 내 기억들 중 크고 재미있는 조각들로 구성하였습니다. 글 속에 등장하는 사람들을 보며 공통점이 많다는 것을 깨달았습니다. 고민과 불안, 행복과 즐거움, 기쁨과 슬픔, 만남과 헤어짐이었습니다. 이는 희로애락의 결정체였습니다.

글을 쓰며 행복을 위해 내게 가장 필요한 건 '여유'임을 깨달았습니다. 무언가를 채워야 여유를 가질 수 있다고 생각하고 계속 무언가를 채우기란 어려운 일일 것입니다. 그럼 비워서 여유를 만들면 되지 않을까요? 그렇다면 무엇을 버리면 여유가 생길까요, 아마도 조바심일 것입니다. 되돌아보면 이유 없이 급하게 살았습니다. 걸을 때도 앞만 보고, 여행에서도 보기만 한 것 같습니다. 이제부터는 살피며 걷고 때로는 두리번거리기도 하며 느끼는 여행을 해야겠습니다. 이 글을 쓰며 앞으로 행복하기 위해 '내가 아는 게 다가 아니다'와 '여유'를 얻고 배웠습니다.

글은 재미있어야 한다는 생각과 전하고 싶은 말이 누군가에게 고스란히 전달되었으면 하는 바람이 큽니다. 그렇지만 그럴 만한 재주가 없어서 못내 아쉽습니다.

기억의 조각들을 맞춰 보니 흐릿하게 나의 형태가 보이고 주변에 많은 사람들이 나를 향해 웃어 주고 있습니다. 이 웃음이 환하게 빛나고 오래가는 미소가 되길 기원해 봅니다.

2024년 비 오는 어느 여름날

박삼용

목차

프롤로그 · 4

1장 흐린 날 이따금 생각나는 이들

울리지 않는 단톡 방 · 10
1번 여자와 3번 여자 · 14
오늘 만난 두 사람 · 19
말한 적 없지만 그게 사랑이었다 · 24
또 다른 송끄란을 기대하며 · 29
오랫동안 숨겨 둔 사랑 · 33
오죽하면, 오죽했으면 · 37
어느 아저씨의 비난과 이해 · 41
떠나지 않는 불안감 · 45

2장 오래 묵은 너나들이

막 내린 네 명의 동창회 · 50
나의 열한 번의 눈물 · 54
어느 여름날의 모시 적삼 · 59
한 번의 효도 · 64
마지막 채무 · 69
혼자 노는 아이 · 74
단 한 번 · 78
어린 날의 봉사 · 82
할머니의 고추 · 87
주먹밥 · 91

3장 이런 일도 다 있네

외상 장례식이라고 · 98
그때도 할아버지와 동업할까? · 103
못생기고 살찐 지렁이 · 108
오늘만큼은 그렇다 · 112
우산 챙겨 왔냐고 물었다 · 116
내 기억 속의 빠꼼이 · 121
청주 가던 날의 기억 · 125
용서 없는 화해 · 130
긴장의 진화 · 135

4장 오늘도 그렇고 또 그렇게

나는 분명 술꾼은 아니다 · 142
온몸으로 배운 겨울 답사 · 146
내 친구는 뜻밖의 섬에 산다 · 150
선유도의 봄 · 154
언제 또 웃을까? · 159
아직도 이루지 못한 기도 · 163
아침에 보내 준 사진 한 장 · 167
궁궐 해설사 흉내 · 172
아직도 억울한 가로수 · 176

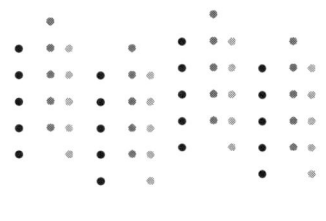

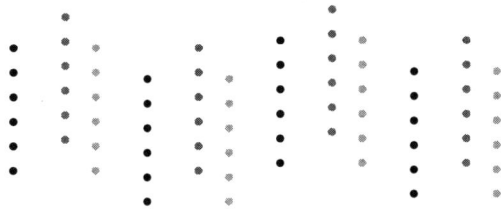

1장

흐린 날 이따금 생각나는 이들

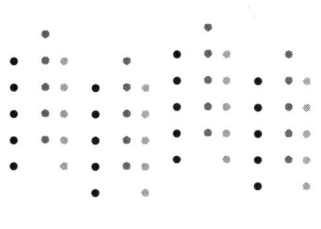

울리지 않는 단톡 방

"이게 얼마 만이야!"

단톡 방이 울렸다. 둘째 형님이 보낸 사진이었다. 그리고 다시 죽어 버렸다. 이 단톡 방은 2년 전에 만들어진 것이다. 나는 형님들 SNS 사진을 찾아 보았다. 여전히 행복하고 멋진 모습들이었다. 사진 너머 2년 전 형님들 모습을 잠시 그려 보았다. 다들 잘 지내고 있겠지?

기대만큼 나아지지 않는 사업 실적에도 아내의 기대는 나날이 높아져 가고 있었다. 잘된다는 말만 해서 그런 것 같았다. 걱정 말라고 한 말인데, 아내는 몇 달 전부터 호주를 다녀온 누군가의 이야기를 자주 했다. 내게는 압력으로 다가왔다. 나도 잠시 사무실을 벗어나고 싶었다. 대신 시간이 없다는 핑계로 호주가 아닌 베트남으로 목적지를 돌렸다.

2018년 4월 하노이 공항에 도착하자 후덥지근한 날씨가 동남아임을 알려 주었다. 나와 아내는 두리번거리며 여행사 깃발을 찾았다. 사람들이 우리가 찾던 깃발 아래로 하나둘 모이기 시작하더니 어느새 다 모였다. 네 가족이었다. 가이드 안내에 따라 간단하게 인사를 하고 식당으로 갔다. 모두 사소한 걱정조차 없는 행복한 부부로 보였다. 쌀국수를 먹는 그 짧은 시간에 우리의 서열은 남편들의 나이에 따라 정해졌다. 첫째는 일흔, 둘째는 예순둘, 셋째는 쉰다섯 그리고 나는 막내였다. 우리의 베트남 여행은 이렇게 시작됐다.

첫째 형님은 하노이 공항에서 같이 짐을 기다렸던 인상 좋은 도시풍의 아저씨였다. 하노이 전망을 구경하는 타워에서 형수님은 교감 선생님이었다가 퇴직했고 잠실에서 오래 살았다고 말했다. 순전히 형수님의 자랑 섞인 말투로. 부러웠다. 작은 체구의 형수님은 말과 행동으로 형님을 압도하며 지휘와 통제를 하고 있었다. 지금은 형님의 건강 회복을 위해 양평에서 전원생활 중이라고 했다.

두 분이 경제적으로 여유 있다는 사실은 그간 다녀온 해외 여행지를 자랑하는 형수님을 통해 알았다. 형님은 전원생활을 준비할 때 절대 땅을 먼저 사지 말고, 처음 갔을 때 멋진 곳은 피해야 하고, 아침에 뱀이 인사해도 놀라지 말아야 하며, 온갖 벌레들과 친해야 하고, 특히 개울가는 습기가 많아 오래 살 수 없으며 최소한 1년 이상 살아 보고 정착지를 정해야 한다고 말했다. 처음 보는 형님의 자신감이었다.

3일 차 선상 파티에서 술기운이 오른 형님이 말했다. 금융위기(IMF) 때 회사를 그만두었고, 사업 실패로 10여 년간 몸이 아파서 일을 할 수 없었고, 지금까지 형수님이 가장이라고. 최근 건강이 회복되어 스페인에 있는 딸네 집에 가려고 연습 차 이번 여행을 왔다고 했다. 나에게 어떻게 평일 여행을 왔는지 묻기에 나는 출퇴근이 자유롭다고 했다. 형님은 여행 기간 내내 저녁 술자리에 한 번도 참석하지 않았다. 형수님의 위세와 자랑 뒤엔 3일 만에 드러난 형님의 아픔이 숨어 있었다.

작은 체구의 둘째 형님은 검은색 운동화에 목이 긴 흰 양말을 신고 흰색과 푸른색이 교차한 바탕에 야자수가 그려진 하와이풍의 셔츠를 반바지 안으로 넣고 나무색 벨트를 했다. 나이 든 시골 모범생처럼 보였다. 형수님은 조심스럽게 행동하고 나지막하게 말했지만 하롱베이 빈펄 호텔에서 수건 분실 문제로 직원들과 다툴 때는 억센 시장 할머니로 변했다.

형님은 정년퇴직 후 천안에서 즐겁게 지내고 있다고 했다. 커피 매장에서 형님이 사지 말라고 눈치를 주는데도 형수님은 비싼 커피 앞에 오래 머물렀다. 매장 밖으로 나온 형님은 "왜 사려고 하는지 모르겠다, 집에 커피 많은데, 가져온 돈도 별로 없는데." 하고 하소연했다. 나는 "그냥 두세요."라고 가볍게 진정시켰다. 형수님 손에 커피가 들려 있자 형님은 꼬치꼬치 묻고 영수증을 보며 휴대폰 계산기를 두드리고 지갑에 있는 돈을 확인했다. 환율과 수수료를 언급하며 카드보다 현금 결제가 이익이라고 오랜 시간이 걸려서, 복잡한 과정을 거쳐서, 우리의 눈치도 무시한 채 결제 방법을 변경했다. 그러고도 형수님은 몇 번이나 이런저런 가게를 그냥 지나치지 못했다.

  형님은 은행 퇴직 후 새로운 회사에 갔다가 오래 다니면 구속이 될 것 같아서 바로 그만두었다고 했다. 형님은 나에게 중국 밤 문화를 경험해 봤냐고 물었다. 형님은 얼마 전 중국 밤 문화를 경험했다며, 그동안 왜 한 번도 못 해 보고 이 나이 먹었는지, 자신을 틀에 가두고 산 인생이 재미없어 더 늙기 전에 꼭 한번 일탈해 보고 싶다고, 억울하다고 했다. 가끔 느닷없이 형수를 향한 형님의 과한 스킨십이 우리를 민망하게 했다. 호숫가 잔잔한 물결 같은 두 분의 삶에 형님의 후회가 가라앉은 듯했다.

  셋째 형님은 키가 컸다. 카우보이모자를 쓰고 인디언 목에서 본 듯한 동물 문양 목걸이를 하고 콧수염도 길렀다. 까무잡잡한 피부에 남미 원주민풍의 티셔츠와 원시인 느낌의 반바지를 입었다. 처음 마주쳤을 때 나는 우리의 일행이 아니길 바랐다. 형수는 도시 이미지의 직장인 같았고 둘은 다정하게 붙어 다녀 나와 아내는 그들을 불륜으로 의심하기도 했다. 형님은 영월에서 조형 디자인을 하는 예술가이고 형수는 보험 설계

사로 서울에 살고 있다고 했다. 형님은 가끔 목에 매단 파이프로 담배를 피우며 우리와 차별화도 시도했다. 첫째와 둘째 그리고 우리 가족은 여행 가이드가 유도하는 옵션을 모두 선택했지만, 셋째 형님은 설득과 통솔로 옵션을 확 줄여 가이드를 씩씩거리게 했다.

마지막 날 밤 아내와 두 형수는 약속 시각이 한참 지나서 카페에 나타났다. 함께한 술자리를 파한 후 아내가 내게 말했다. 이혼할까 말까로 속상해하는 셋째 형수의 하소연을 듣느라 늦었다고, 형님이 바람을 피운다고, 태국에 있는 애인이 며칠 후 한국에 온다고, 예술가 흉내를 내느라 지금까지 경제 활동은 자기 몫이었다고, 여행 일정이 끝나고 방에 들어가면 아무런 대화도 없다고, 사는 게 너무 힘들다고 했다고 한다. 누구보다 다정하고 행복해 보였던 부부였는데. 유일하게 손잡고 다닌 부부였는데. 셋째 형님네가 맞잡은 두 손안에 가정불화를 담고 있었다.

우리는 인천공항에 도착해 여행의 즐거움이 다른 가족들 덕분이라고 인사했다. 배려도 놓치지 않았고, 다시 보자며 단톡 방도 개설했고, 아쉬움에 몇 번 더 인사를 했지만, 그로부터 어제까지 단톡 방은 한 번도 울리지 않았다.

첫째 형님의 건강, 둘째 형님의 일탈, 셋째 형님의 애인도 가끔은 궁금하다.

형님들이 보였던 행동과 자랑은 어찌 보면 아픔, 후회, 가정불화를 숨기거나 들키고 싶지 않아서일지도 모른다. 형님들 눈에 비친 내 모습은 실제와 얼마나 달랐을까? 나는 형님들에게 무엇을 숨겼을까? 문득 생각해 본다.

앞으로 형님들 인생이 내가 본 형님들 모습 그대로였으면 좋겠다.

서로 연락하고 보자고 했던 마음은 진심이었겠지? 그때만큼은!

1번 여자와 3번 여자

어! 무슨 일이지, 이 시간에 벌써 막히나, 고개를 쭉 빼고 두리번거렸지만 길게 늘어선 앞차들의 브레이크등만 보인다. 다급한 구급차도 요란한 견인차도 어슬렁거리는 경찰차도 보이지 않는다. 택시 한 대가 급작스럽게 내 앞에 끼어들었다. 나는 문득 택시가 우연히 내 앞에 끼어들었을까, 사람은 인연으로 만날까, 혹시 끼어든 택시 기사와 내가 무슨 인연이 있을까 생각했다. 우연인지, 인연인지 끼어든 택시의 붉은 브레이크등이 27년 전 기억 속으로 끌고 간다.

택시 기사 눈이 빨갰다. 실핏줄이 터진 것 같았다. 나는 기사의 눈을 피하고 싶었지만 택시 뒷좌석 중간에 앉아 룸미러로 간간이 눈이 마주쳤다. 나는 영화에서 본 눈이 생각났다. 〈터미네이터Ⅰ〉의 T-800에 나온 명대사, "I'll be back"을 남긴 눈, 죽었다고 마음 놓은 관객을 소름 끼치게 했던 눈, 다음 편을 예고하는 강렬한 빨간 눈이다.

기사는 어제부터 한숨도 못 잤다고 했다. 이 상태로 끝까지 갈 수 있을까? 기사는 졸릴 때마다 눈에 힘을 주며 핸들을 꽉 잡고 운전했다. 말 거는 것도 귀찮다는 눈치였다. 택시는 출발한 지 5시간 만에 겨우 조치원에 도착했다. 다른 일행은 기사의 지친 눈에도 아랑곳하지 않고 잠을 잤다. 잠을 곳이 없었던 나는 차가 움직일 때마다 두 손은 앞자리 시트에 의지했고 두 발은 있는 힘껏 바닥에 고정해야만 했다. 그 상태로 택시가 움직일 때 기우는 방향에 따라 양쪽 엉덩이에 실리는 힘을 조절해야만 했다. 택시는 어젯밤 12시에 강남 고속버스 터미널을 출발했다.

  6월 첫째 주 3일간 연휴였다. 나는 휴일에는 늘 부산에 가곤 했다. 9시 20분에 강남 고속버스 터미널에 도착해 10시 45분발 부산행 표를 샀다. 출발 시각까지 3번이나 연착을 안내하는 방송이 나왔다. 그때마다 사람들은 모여서 소리를 질렀고, 돌아서는 사람도 있었고, 간간이 욕설하는 사람들도 있었다. 환불하거나 내일 첫차로 교환하라는 마지막 안내에 따라 나는 표를 환불했다. 어떡하지, 그냥 돌아갈까, 하지만 지금까지 기다린 시간이 아까웠다. 3일간 마땅히 할 일도 없었다. 그녀가 보고 싶었다.

  "부산, 부산!"

  어디선가 찐한 사투리가 나지막이 들렸다. 나도 모르게 그쪽으로 다가갔다. 모자를 쓴 40대 후반의 남자였다. 허름하게 목이 늘어난 티셔츠, 체크무늬 바지, 슬리퍼를 신은 모습에다 얼굴은 피곤함에 찌든 아저씨가 한 손으로 입을 가리고 말했다. 그의 얼굴은 거무스레했고 몸에는 땀 냄새가 스멀스멀 났다. 가 볼까, 범죄 아닐까, 얼마인지 물어나 보자. 4명 타면 출발하겠다고 했다. 나는 가기로 마음먹었다. 나와 경주에 가겠다는 사람까지 2명 확정이었다. 이제 2명을 더 모아야 했다. 택시 기사는 40만 원을 요구했다. 4명이 모아지자 경주 가겠다는 사람이 택시 기사와 38만 원으로 흥정했다. 부산 3명은 각 10만 원, 경주 1명 8만 원으로 정해졌다.

  우리 4명은 가사를 따라 밖으로 나갔다. 택시는 없었다. 기사는 어두운 곳으로 계속 가고 있었다. 잘못 온 거 아닌가, 4명 모두 같은 패가 아닌가, 그냥 가 버릴까, 고심할 때 기사의 목뒤에 문신 같은 흐릿한 흔적이 보였다. 나는 머릿속이 복잡해졌다. 안 간다고 할까, 갈등하는 순간 구석에 택시가 보였다. 부산 택시는 서울에서 영업할 수 없어 여기에 주차했다, 점심때 부산에서 출발했고 빈 차로 갈 수 없어 싸게 간다고 택시 기사는 너스레를 떨었다. 합승하면 이득이라고 누군가도 맞장구쳤다. 우리는 서로 건성으로 인사했고 더는 말이 없었다. 덩치 큰 아저씨는 앞자리에 앉고, 경주행 아저씨는 운전석 뒷자리, 마지막으로 나이 든 아저씨는 조수석 뒷자리에 앉았다.

나는 해가 뜰 때까지 빨갛게 빛나는 앞차들의 브레이크등 행렬과 기사의 눈만 보고 왔다. 가다 서기를 반복하던 택시는 대구를 지나 영천에 접어들었다. 이때부터 택시는 145킬로로 달렸다. 다른 차들을 쉴 새 없이 추월했다. 이렇게 빨리 달리는 차는 처음이었다. 불안할 때마다 나는 다리에 힘을 더 주었고 택시 기사는 눈꺼풀을 억지로 밀어 올리며 눈을 비볐다. 이젠 일행 모두 잠에서 깨어나 손잡이를 잡고는 앞차와 기사의 움직임에 신경을 곤두세웠다.

나에게는 부산에 사는 5개월 사귄 애인이 있었다. 그녀는 키가 작고 자주 웃었다. 대부분 내 의견을 따라 주며 순종했다. 누나의 소개로 만났고 나는 그녀의 어머니와도 인사했다. 그녀의 어머니는 가끔 내게 넥타이도 선물했고 때론 사위처럼 챙겨 주었다. 그녀는 2남 1녀의 외동딸이었다. 부모님은 중앙동에 빌딩 2개를 가지고 있다고 했다. 그녀의 어머니는 딸이 보고 싶어 서울로 보낼 수 없다고 했다. 부산에 내려오면 집과 직장은 고민할 필요가 없다고 가끔 위세도 떨었다. 나는 그녀에게 삐삐를 선물했다. 잘 보이려고 연구소에 근무하는 동기에게 부탁했다. 출시 전 모델 중 여자들이 제일 좋아할 디자인에 노란색으로 만들었다. 돈을 아끼고자 신규 번호로 개통하지 않고 내 삐삐 번호에 브리지 했다. 012-543-8758#1번으로.

또 두 달 전 나는 친구 소개로 새로운 여자 친구를 만났다. 키가 크고 피아노를 전공했다. 그녀는 명랑하며 데이트를 주도했고 나에게 선물도 자주 주었다. 그녀는 부산역 옆 초량동에 살았다. 소개해 준 친구에게 애인이 있다고 했던 말을, 그녀를 만난 뒤 나는 후회했다. 지난 두 달간 부산에 가면 정확한 시간 안배로 둘 다 만났다. 빌딩을 가진 여자와 외모를 가진 여자를, 그녀에게도 똑같은 모델, 색깔은 핑크, 번호는 012-543-8758#3번으로 삐삐를 만들어 주었다. 둘은 모르게.

택시는 경주에 한 명을 내리고 쏜살같이 달려 부산에 도착했다. 마지막까지 남은 나는 도착지인 중앙동으로 가자고 했지만, 기사는 너무 피곤해 여기서 내리면 안 되겠냐고 했다. 여기서 내리면 무엇을 어떻게 해야 할지도 모르고 지리도 어두워 거절하고 싶었지만 밤새 운전한 기사의 부탁이라 어쩔 수 없이 초량동에 내렸다. 부산진역 인근 허름한 목욕탕으로 들어갔다. 잠시 눈을 붙였는데도 멍했다. 외부와 차단된 목욕탕에서 시간을 가늠할 수 없어 답답했다. 서울에서 출발 전 오늘은 1번과 약속을 잡았고 내일은 3번과 약속을 했다. 실수할까 다시 한번 확인했다. 벌써 12시, 배도 고프고 중앙동까지 가기 귀찮아졌다. 머릿속으로 그렸던 더블데이트 계획은 기사의 피곤으로 엉켜 버렸다. 순서가 바뀌었다. 비껴간 약속의 초조함도 불안함도 시간이 서서히 물처럼 씻겨

줘 홀가분해졌다. 그날 우리는 결혼의 필요충분조건을 만들었다. 두 달간 이어져 왔던 욕심과 갈등도 모두 사라졌다. 어찌할 수 없이. 버스가 아닌 택시와 택시 기사의 피곤함이 나의 인연을 만들었다. 그날부터 27년간 끼어든 이를 중심으로 세상은 돌고 있다. 우연인지, 인연인지, 필연인지 모르지만, 오늘도 그렇다. 그냥 필연이라 믿자. 후회하지 않게.

택시는 또 끼어들고 앞차 브레이크등이 유난히 밝게 보인다. 그날처럼. 그 택시 기사는 아직도 장거리 뛸까, 가끔은 그냥 궁금하다. #1번 여자도.

오늘 만난 두 사람

"조금만 기다리세요. 5분 정도면 다 익어요."

5분이 지났지만 나는 아직 옥수수를 받지 못했다. 버스에서 내려 구수한 냄새에 이끌려 옥수수 가판대로 온 지 족히 10분은 넘은 것 같았다. 그런데도 사장님은 미안함과 웃음 섞인 표정으로 연신 가마솥 옥수수를 뒤적거렸다. 사장님이 긴 막대기로 이리저리 휘젓자 가마솥에는 족히 50개는 넘어 보이는 옥수수가 물 위를 둥둥 떠다니고 있었다. 옥수수 껍질은 이른 수확 때문인지 대부분 엷은 녹색을 띠고 있었고 가끔은 메마른 베이지색을 띠는 것도 보였다.

태양이 연신 화력을 뿜어 조금만 걸어도 땀이 흐르는 7월의 늦은 오후였다. 햇볕을 피해 드리워진 가로수 그늘에 '강원도 찰옥수수'라고 쓰인 간이 천막이 있었다. 그 안에 큰 가마솥 두 개를 걸어 놓고 옥수수를 삶고 있던 여사장님은 검은 비닐봉지에 옥수수 4개를 담아 주며 말했다.

"8시까지 있으니 혹시 덜 익었으면 들르세요. 잘 익은 다른 옥수수 드릴게요."

저녁을 먹고 낮에 사 온 옥수수가 생각났다. 아내에게 작은 거 하나 건네고 난 큰 옥수수를 들었다. 아내가 먼저 씹었다. 표정이 좋지 못했다. 나도 씹었다. 옥수수는 딱딱했다. 덜 익은 건지, 삶은 지 오래된 건지 모르겠다. 아내는 덜 익은 거라고 했다. 하는 수 없이 옥수수를 비닐봉지에 담아 슬리퍼를 신고 가판대로 갔지만 사장님은 보이지 않았다. 어쩔 수 없이 옥수수를 모두 버렸다. 며칠 후 지나던 길에 일전에 산 옥수수 사정을 사장님께 말했더니 나를 기억하셨다. 기억 못 하거나 모르는 체 시치미를 뗄 수도 있지만, 오늘은 이른 시간이라 삶은 옥수수가 없으니 언제고 꼭 오라고 했다. 죄송하다는 말도 잊지 않았다. 난 그 말을 그냥 흘려 버렸다.

부가세 신고를 위해 세무서 창구에서 순서를 기다렸다. 신고 기간 막바지라 기다리는 사람들이 많았다. 한참을 기다려 드디어 내 차례가 되었다. 신분증과 준비한 서류를 건넸다.

직원은 키보드를 두드리고 확인하기를 몇 번을 더 했다. 시간은 계속 지체되고 있었다. 옆 직원에게 나지막한 소리로 무언가를 상의했지만 끝나지 않았다. 뭔가 문제가 있다는 것을 직감했다. 어디론가 통화하던 직원이 나에게 말했다.

"잠시 사무실로 가셔야 할 것 같네요."

하는 수 없이 직원을 따라갔다. 사무실에 들어서자 중년의 여성분이 회의실로 안내해 혼자 자리에 앉아 한동안 기다렸다.

얼마의 시간이 지났을까, 조금 전의 중년 여성이 들어와 부가세 176만 원을 더 내야 한다고 했다. 지난 몇 개월간 간이과세자로 분류되어 부가세를 납부하지 않았다고 했다. 이해할 수 없었다. 몇 개월 전부터 홈택스로 세금 계산서를 발행할 때 간이과세자로 변경되어 있었다. 나는 세입자에게 몇 개월째 부가세를 받지 못했다. 내가 간이과세자로 변경을 요청하지도 않았고, 내가 임의로 홈택스 전산을 수정할 수도 없는 상황인데. 억울한 노릇이었다.

내 정보를 변경한 담당자 면담을 요구하자 자리에 없다고 했다. 잠시 후 갓 입사한 듯한 젊은 여직원이 담당자라며 회의실로 들어왔다. 과정을 설명하자 젊은 여직원은 당황한 듯 회의실 밖으로 나가고 중년의 직원은 세무서 잘못은 없다고 말하며 부가세를 납부하라고 나를 설득했다. 가산세, 납세 의무, 법령 등 용어를 나열하며 설명하는 태도는 협박에 가까웠으며 분명 자주 해 본 솜씨로 느껴졌다. 책임 전가, 국민 협박 담당자라고 해도 어울릴 듯했다.

잠시 후 담당 여직원은 두툼한 법전 몇 권을 가지고 들어왔다. 이내 펼친 법전에 형광펜을 칠하면서 자신의 면책을 설명하며 전임자와 나에게 책임을 전가하기에 급급했다. 계속되는 나의 요구와 협상에도 바뀌는 건 아무것도 없었다.

"그까짓 176만 원 내시죠, 사장님."

중년의 직원이 말했다. 나는 속으로 '176만 원이 그까짓 것인가? 저 중년의 직원은 처음부터 저런 사람일까? 남의 돈은 돈이 아닌가, 자기는 176만 원을 아무렇지 않게 포기할 수 있을 만큼 부자인가?'라고 생각했다. 이런 와중에도 담당 여직원은 몇 가지 서류를 더 내밀며 본인 잘못이 아니라는 것을 항변했다. 더 이상은 시간 낭비라고 판단했다. 납부해야 된다고만 반복하는 중년의 직원의 말에 그렇게 하겠노라 대답했다.

나는 무기력하게 회의실을 나와 여직원을 따라 사무실로 갔다. 담당 직원이 컴퓨터를 몇 번 조작해 고지서를 발급했다. 담당 직원은 아무 일 없다는 듯이 당연하고 정상적인 업무처럼 태연하게 고지서를 건넸다. 내가 화난 표시로 째려보아도 담당 직원은 아랑곳하지 않았다. 고지서를 받기 싫었지만 하는 수 없었다. 순간 고지서를 찢고 싶었다. 버리고도 싶었다. 그러지 못했다. 고지서를 받아 들고 아무 말 없이 사무실을 나왔다. 괘씸하고 속상했지만 마땅히 할 수 있는 게 없다는 걸 고지서를 받을 때부터 알고 있었다.

세무서를 빨리 벗어나고 싶었다. 운전하고 돌아오는 길이 씁쓸했다. 공무원은 합격하면 발뺌부터 가르치는가, 신규 공무원 교육 과정에 국민들을 무시하고 본인들에게 난처한 일이 생기면 집단으로 가세해 책임을 전가하라는 과목이라도 있는가 생각했다. 물론 아니겠지만.

늦은 출근길에 옥수수 사장님을 만났다.
"출근 안 하셨나 봐요."
세무서에서 부가금 고지서를 받아 들고 온 내 기분을 알 리 없는 사장님은 환하게 웃는 얼굴로 반갑게 인사하며 검은 비닐봉지를 내밀었다.
"지난번 못 드린 옥수수 가지고 가세요."
"감사합니다. 얼마 드리면 돼요?"
"아니요. 지난번 옥수수 대신 드리는 거예요."
사장님은 돈 받기를 거절했다. 지난번에 산 덜 익은 옥수수는 이미 버렸다. 사장님께 조금은 미안했지만 더는 말하지 않았다. 세무서에서의 기분이 아직 남아 있어 그랬다.

옥수수를 받아 들고 나는 또 생각했다. 같은 사람이지만 옥수수 가게 사장님과 세무서 직원의 질감은 이렇게 다르구나. 176만 원을 아무런 감정 없이 더 내라는 사람과 5천 원을 귀하게 여기는 사람은 분명 돈의 액수와 반비례하는 아름다운 향기를 가졌다고 여겼다. 세무서 가산세를 내지 않고 그 돈 전부로 옥수수를 사고 싶지만 마음뿐이었다. 사무실에 도착해 직원들과 새참으로 옥수수를 먹었다. 그 후 그 사장님께 옥수수를 몇 번 더 샀다. 그해에는 옥수수의 또 다른 향기를 느꼈다. 아마도 사람의 향기일지도 모른다.

10년 후 오늘 만난 두 사람의 질감은 어떻게 변할까?

더 기울어지지 말고 조금이라도 수평을 이루었으면 좋겠다. 아름다운 쪽으로. 기대해 본다.

말한 적 없지만 그게 사랑이었다

휴일이라 아내가 음악을 틀었다. 순간 나는 "아!" 하고 가볍게 탄식했다. 아내는 듣지 못한 것 같았다. 아내는 이 음악을 알고 틀었을까? 아닐 것이라 생각했다. 한동안은 내가 틀지 못했고, 듣기를 시도해도 끝까지 듣지 못했던 음악, 한동안은 어느 음악보다 많이 듣던 음악이었다. 노무라 소지로의 〈대황하〉를.

제대 후 복학한 그해 가을, 병원에 근무하는 간호사를 만났다. 조용한 커피숍, 마주 앉은 탁자에 햇빛이 들어와 그림자가 길게 자리 잡은 오후였다. 새하얀 찻잔은 햇빛을 받아 눈부셨다. 내 마음은 더 그랬다. 그녀는 흰색 블라우스에 푸른 물기가 빠진 연한 청바지를 입었고 긴 파마머리였다. 머리카락은 햇빛을 머금고 엷은 갈색으로 빛났다. 웃을 때마다 그녀의 입은 비대칭으로 움직여 새하얀 치아를 환하게 드러냈다. 작은 눈에 알이 큰 검은 뿔테 안경을 썼다. 안경 쓴 여자는 달갑지 않았다. 더더욱 뿔테 안경은 생각한 적도 없었다. 하지만 그녀의 뿔테 안경은 달랐다.

그녀는 가끔 눈을 흘기기도 했고 입을 비죽거리며 싫다고도 했다. 그 모습도 귀여웠다. 때로는 수줍어 시선을 바닥과 창밖으로 번갈아 옮겼다. 그때마다 나와 눈이 마주치기도 했다. 나는 피하지 않았고 그녀의 시선은 다른 대상을 찾아 옮겼다. 그녀의 키는 지금까지 만나 본 여자들 중 제일 컸다. 나는 평소에 키 큰 여자를 선호했다.

간호사로 대학병원 정신 병동에 근무한 지 5년이 되었다고 했으며, 가끔 정신 병동의 어려움을 이야기하기도 했다. 때로는 정신 병동만의 웃음거리를 이야기하기도 했다. 정신 병동에 대해 아무것도 모르지만 그냥 잘 보이려는 마음에 나는 맞장구치며 웃기도 하고 때로는 심각한 시늉도 했다. 그녀의 얼굴에 웃음이 사라질 때면 차를 마시고 있었지만 내 입속은 마르기도 했다.

고향은 충남 공주라 했고 딸 넷에 맏딸이라 했다. 두 시간이 흐르는 동안 시계를 본 적 없었다. 우리는 연락처를 주고받고 설레는 마음으로 헤어졌다. 다시 볼 수 있다는 희망을 안고. 그렇게 그녀와 처음 만났다.

얼마 후 겨울 방학이 되어 나는 부산으로 내려갔다. 우리는 주로 깊은 밤에 통화했다. 그녀의 근무 시간에 맞추어 때로는 새벽, 오후, 초저녁을 가리지 않고 통화했다. 모두가 잠든 한밤중 통화가 더 설레고 감미로웠다. 며칠 몇 시간을 통화했는지 모를 정도로 그녀와의 통화는 일상이 되었다. 겨울이라 뜨듯한 방바닥에 누워 두툼한 이불을 뒤집어쓰고 하는 통화는 더할 나위 없이 행복했다. 공중전화로 그녀에게 처음 전화할 때의 두근거림과 설렘은 점점 희미해져 갔다.

봄이 되어 개강했다. 시간만 되면 병원 인근으로 갔다. 그녀와 함께한 봄날의 벚꽃은 황홀했다. 밤 벚꽃은 꿈보다 더 꿈같았다. 그녀는 가끔 내 하숙방에 찾아와 꽃을 꽂아 두기도 했다. 프리지어를 꽂아 두었을 때는 온 세상이 봄의 향기로 가득한 것 같았다. 같은 방 친구는 부러움에 프리지어 꽃잎에 딱밤을 때리며 심술을 부리기도 했다. 자기도 여자 친구를 소개해 달라고, 앞으로 혼자 오면 하숙방 출입 금지라고 했다. 프리지어 향기가 진해질수록 친구의 심술도 커져 갔다. 친구의 부러움과 질투는 나의 기쁨이기도 했다. 저녁 시간에 공원을 산책할 때면 순간 부부로 착각할 때도 있었다.

혼자 사는 그녀의 집에 처음 갔을 땐 어색한 설렘보다 미묘한 두려움이 앞섰다. 자취방에서 라면을 끓여 먹고 열무비빔밥을 먹었다. 집에서 가져왔다는 시큼한 열무는 오랫동안 기억에 남았다. 더운 여름날에는 맥주도 마셨다. 내가 수업이 없는 날, 그녀가 쉬는 날은 어김없이 거기에 있었다. 나와 그녀는 계절과 시간에 맞게 벚꽃 놀이, 놀이공원, 가벼운 등산도 즐겼다. 대학 4학년이 짊어져야 할 시험, 취업 걱정은 그녀의 웃음으로 사라졌다.

그때 그녀가 '노무라 소지로'의 〈대황하〉 카세트테이프를 나에게 선물했다. 그녀가 내 하숙방에서 처음 음악을 들려주었을 때 나는 그녀에게 말할 수 없는 새로운 감정을 느꼈다. 음악을 모르는 나를 위해 그녀는 그림을 보여 주며 오카리나를 설명했고, 노무라 소지로의 음악을 반복해 들려주고 알려 주었다. 나도 어느새 〈대황하〉를 하숙방에서 혼자 들을 정도로 그 곡의 매력에 푹 빠졌다. 청아한 오카리나 선율은 밤낮없이 하숙방을 가득 채웠고 어느새 노무라 소지로가 친근해졌다. 〈대황하〉를 처음부터 끝까지 머릿속에 차곡차곡 담아 두었다. 더 바랄 게 없던 4학년이었다.

봄날 파릇했던 우리는 점차 짙은 녹색으로 변했다. 시간이 더 흘러 엷은 갈색으로 물들어 가던 어느 날이었다. 취업 추천서를 들고 그녀를 만났다. 그녀는 그 직장에 취업하면 거리가 멀어져 만나기 어려워진다며 앵돌아졌다. 그날 취업 이야기는 거기서 끝냈다. 더 이야기하기가 어려웠다.

그러던 어느 날 그녀의 입을, 아니 내 귀를 의심했다. 헤어지자고 말했다. 이유는 없었다. 묻지 못했다. 그녀와 헤어지고 택시를 탔다. 집으로 돌아오는 동안 무엇을 했는지, 택시 기사와 무슨 이야기를 나눴는지, 어디서 내려 어떤 골목으로 왔는지 전혀 기억이 없다. 자려고 누웠지만 잠이 오지 않았다. 눈을 감아도 눈을 떠도 보이는 건 없었다. 깊은 낭떠러지에서 떨어져 끝없이 땅속으로 꺼지는 기분이었다.

어디론가 떠나고 싶었다. 바다가 보이는 곳으로. 며칠간 동해의 푸른 바다를 보고, 해변을 오가는 사람들을 보고 돌아왔지만 가슴은 먹먹했다. 오랫동안 그랬다. 돌이켜 생각하면 그녀는 이미 헤어질 생각을 하고 있었을지도 모른다. 취업 이야기와 추천서가 우리의 이별을 조금 더 앞당겼을 뿐이었다. 취업이 우리의 시간과 공간에 끼어들어 우리 사이의 틈을 더 넓혔던 것이다.

시간이 지나 취업했다. 이사 날 소지품을 정리했다. 그녀와 함께 찍은 사진, 편지, 선물이 고스란히 서랍에 있었다. 헤어진 후 한동안 사진을 다시 볼 수 없었다. 그녀와 함께한 물건들을 봉투에 담아 서랍 깊숙이 넣어 두었다. 아니 숨겨 두었다. 바쁜 직장 생활이 그녀를 잊게 했다. 시간이 지나고 아내를 사귀며 그녀와의 추억을 모두 버렸다. 별다른 감정 없이 사진을 찢었다. 하나도 남김없이.

하지만 〈대황하〉 카세트테이프는 버리지 못했다. 이유는 모른다. 그녀를 잊어 갈 때쯤 오카리나가 유행했다. 오카리나는 〈대황하〉의 중심이 아닌가! 내겐 오카리나가 그녀였다. 헤어진 지 5년이 지날 때까지 그녀가 궁금했다. 가끔 보고 싶기도 했다.

  10여 년이 지나 아내와 함께 〈대황하〉를 들을 때면 문득문득 그녀가 생각나기도 했다. 아무런 감정은 없다. 이제는 〈대황하〉마저 잃어버렸다. 보고 싶은 마음도 없다. 그녀의 얼굴은 흐릿하지만 모습은 또렷하다.
  말한 적 없지만 그게 사랑이었다.
  그때의 아픔은 지나갔지만 지금도 그녀의 추억은 저 멀리에 머물러 있다.
  첫사랑도 아닌데.

또 다른 송끄란을 기대하며

"이제 어쩔 수 없네. 이판사판 놀아야겠다."

함께 툭툭이를 탄 아주머니가 말했다. 우리도 물총을 샀다. 아주 큰 것으로. 그렇게 나와 아내도 송끄란 축제의 중심에 합류했다. 처음부터 물총도 사고 단단히 준비했다면 더 재미있었을 걸 하는 아쉬움도 있었다. 2019년 4월 15일 저녁 태국 방콕에서.

그해도 어김없이 텔레비전에 태국 송끄란 축제 소식이 방영됐다. 어느 채널에서는 서로에게 물을 뿌리며 즐거워하는 광경을 보여 주었고, 어느 채널에서는 작년 축제 기간 사건 사고를 소개하기도 했다. 사람이 많이 모이는 축제다 보니 교통사고, 음주 운전, 성추행, 관광객을 상대로 한 범죄가 발생하기도 한다고 했다.

몇 년 전부터 송끄란 축제에 참여하고 싶었다. 어릴 적 소나기 내리는 날에 친구들과 물싸움을 즐겨 했던 재미를 알기에 더 그랬다. 태국의 송끄란 축제는 정월 초하루를 축하하기 위해 매년 4월 13일부터 15일까지 3일간 열린다. 송끄란은 산스크리트어에서 유래한 말로 '이동', '장소의 변경'을 뜻하며, 이날 태양의 위치가 바뀐다고 한다. 축제 참가자들은 살아 있는 새나 물고기를 방생하고 행인들에게 물 뿌리기를 한다. 나는 태국의 전통과 송끄란의 의미보다 그냥 물 뿌리는 놀이가 하고 싶었다. 몇 차례 태국 여행을 했지만 송끄란 축제는 한 번도 경험하지 못했다. 그래서 이번만큼은 송끄란 축제 일정에 맞추어 태국으로 출발했다.

　방콕 공항에 도착해 일행들과 함께 버스에 오르자 가이드는 송끄란 기간에 방문하여 행운이라고 했다. 행운이 아니라 축제 기간에 맞춘 노력의 결과였다. 가이드는 관광하는 기간 내내 몇 번이고 송끄란에 대해 설명했다. 혹시라도 누군가가 물을 뿌리면 화내지 마시라, 여러분들의 축복을 기원하는 행동임을 이해해 주시라 하며.
　파타야 일정을 마무리하고 방콕 도심으로 이동했다. 도로가 막혔다. 아마도 축제가 시작된 것 같았다. 우리 일행들은 축제 참가를 위해 이른 저녁을 먹고 식당에서 얻은 봉지 안에 현금과 여권 등 종이류를 넣어 싸맨 후 가방 깊숙한 곳에 꼭꼭 숨겼다. 물에 젖어도 괜찮은 옷으로 갈아입었다. 몇몇은 미리 준비한 비닐 우의를 더 입기도 했다. 신발은 샌들로 갈아 신고 모자도 눌러쓰고 끈을 단단히 조였다.
　우리 일행은 4명씩 조를 짜 소형 툭툭이를 타기로 했다. 앞에서부터 길게 대기하고 있는 툭툭이를 타기 시작했다. 우리 조는 우리와 나이가 비슷한 부부였다. 그 부부는 의도치 않게 송끄란 축제에 합류하게 된 것 같았다. 함께 탄 아주머니는 툭툭이가 위험하다며 남편한테 투덜거렸다. 택시를 타고 가자고 말했지만 남편은 "언제 이런 축제를 경험하겠어?"라며 무시했다. 우리가 툭툭이 탈 차례가 다가왔다. 여자 둘은 안쪽에 앉고 남편 둘은 바깥쪽에 앉았다. 툭툭이가 좁은 골목을 지나자 어디선가 첫 번째 물이 날아왔다. 아직 마음의 준비가 덜 된 상태인데. 툭툭이가 큰길에 접어들자 여기저기서 물주머니가 날아오기 시작했다. 우리는 물이 날아와도 좁은 자리라 움직일 수 없어 그대로 물을 맞았다. 함께 탄 아주머니는 물 맞을 때마다 한 손으로 닦고 또 닦으며 신경질적인 반응을 보였다. 기간에 맞추어 축제를 즐기러 온 우리 부부는 그 아주머니의 눈치를 보기 시작했다. 축제의 즐거움을 드러낼 수 없었다. 때로는 툭툭이가 위험하다, 운전수가 교통 신호를 지키지 않는다며 남편에게 신경질을 부렸다. 급기야 앞에 앉은 운전수에게 뭐라고 했지만 아무것도 바뀌지 않았다. 운전수는 순간 뒤를 돌아보며 그 아주머니가 무슨 말을 하는지 못 알아듣겠다는 시늉을 했다.

툭툭이가 커브를 돌 때면 나도 움찔움찔했고 손잡이를 꽉 잡기도 했다. 매년 송끄란 축제 때마다 교통사고로 2백여 명이 죽는다는 이야기를 뉴스를 통해 들었기에 손에 힘이 더 들어갔다. 툭툭이는 이따금 미끄러지는 듯했고 순간 급하게 멈추기도 했다. 나도 아주머니의 걱정 때문일까 조금은 불안했다. 우리가 탄 툭툭이가 가게 앞을 지날 때 고무 대야에 물을 가득 채우고 큰 바가지로 뿌리는 사람, 물총 쏘는 꼬마, 처음 보는 대형 물총으로 쏘는 사람, 수도꼭지에 호스를 이어 물줄기를 뿌려 대는 아저씨, 가끔은 얼음을 넣어 뿌리는 사람도 있었다. 얼음물은 시원했다. 옆에 앉은 아주머니의 짜증에도 아랑곳하지 않고 물은 쉴 새 없이 날아왔다. 이미 우리의 옷은 완전히 젖었다. 우리 부부는 아주머니의 불평에도 피할 수 없이 날아오는 물을 맞으며 그냥 즐겼다. 액운도 씻으며.

어디서 날아왔는지 밀가루 섞은 물주머니가 머리 위와 어깨에 떨어져 온몸이 밀가루 범벅이 되자 아주머니는 짜증을 포기하는 듯했다. 툭툭이가 광장에 멈추자 먹잇감을 발견한 하이에나처럼 사방에서 물이 날아왔다. 우리는 약속된 장소에 도착해 툭툭이에서 내렸다. 앞으로 지나가기 어려울 정도로 많은 사람들이 축제를 즐겼다. 타인의 축복을 기원하는지, 자신의 즐거움을 추구하는지는 알 수 없지만 신나는 물놀이였다.

눈에 보이는 가게로 들어가 대형 물총을 샀다. 각자 한 개씩. 아주머니도 함께. 우리도 누군가의 축복을 마구 기원해 주었다. 지나가는 사람들, 꼬맹이들, 관광객들에게 마음껏 물을 뿌렸다. 아내는 닥치는 대로 물총을 쏘았다. 나는 주로 젊은 현지인에게 쏘았다. 가끔은 열심히 나에게 물총을 쏘는 사람 뒤로 돌아가 쏘기도 했다. 젊은 아가씨에게는 쏘지 않았다. 특별한 이유는 없었다. 당한 만큼 돌려주었다. 아주머니도 아이들이 하는 전쟁놀이처럼 주변에 물총을 마구 쏘기도 하고 때로는 맞기도 했다. 그렇게 우리도 송끄란이 되었다.

한참 지나자 물총 쏘기보다 쉬고 싶어졌다. 물놀이에 지쳤다. 우리는 서로 손짓하며 무리에서 빠져나와 도로 경계석에 나란히 걸터앉았다. 물에 빠진 생쥐 꼴이 된 아주머니는 신발을 벗어 물을 털어 내며 말했다.

"오늘 재미있게 놀았네."

아주머니의 얼굴에 미소가 가득했다. 아주머니가 처음부터 축제를 즐겼더라면 하는 아쉬움을 맥주 한 캔으로 털어 냈다. 맥주가 목으로 넘어갈 때 아주머니의 짜증이 혹시 있을 사고를 막았을지도 모른다는 생각이 들었다. 모든 액운이 사라지길 바라며, 또 다른 송끄란을 기대하며 우리는 물총에 남은 마지막 물을 뿌렸다. 모르는 누군가에게.

오랫동안 숨겨 둔 사랑

캄캄한 산길을 혼자 걷는다. 걸어 본 지 40년이나 지난 산길을. 또 꿈이었다. 아득한 시골. 읍내에서 집에 가려면 꼭 걸어야 하는 산길. 산길에는 가파른 작은 재와, 그 작은 재에서 쳐다보면 하늘과 맞닿은 큰 재가 있다. 큰 재는 혈기왕성한 아이도 숨을 헐떡거려야 넘을 수 있을 만큼 가팔라서, 꼭 작은 재에서 쉬어 가야 했다. 장날 어른들은 더더욱 그랬다. 우리 집은 읍내에서 십 리나 떨어진 마을에 있었다. 일제강점기에 심었다는 수령이 오래된 아름드리 아카시아가 입구를 지키고 있는 곳이었다.

초등학교 6학년 때 외지에서 온 선생님과 명호강으로 고기잡이를 갔다. 회비는 천 원, 그리고 쌀 한 봉투. 선생님과 함께 가는 여행도, 친구들과 차를 타고 가는 여행도, 여학생들과 같이 가는 여행도 처음이었다.
 강에서 놀 때 조심하라고 몇 번을 당부한 부모님의 말씀이 강에 도착하자 실감 났다. 이렇게 물이 많은 강은 처음 보았다. 우리 동네에는 여름 장마철에나 물이 흐르는 작은 도랑만 있었다. 강은 넓고 깊게 보여 친구들이 강에서 놀 때 섣불리 들어가지 못했다. 매년 명호강에서 누군가가 물에 빠져 죽었다는 소리를 몇 번 들었기 때문이었다.
 강 가장자리는 깊이가 얕고 미끈거리는 물이끼가 바닥을 덮고 있어 친구들을 빠뜨리기에 제격이었다. 겁 많은 여학생들은 강가에서 돌을 줍고 꽃을 꺾으며 놀았다. 밤에는 기름뭉치에 불을 붙여 횃불을 만들었다. 횃불을 강바닥에 비추며 고기를 찾았다. 밤이라 잠자는 고기를 잡을 수 있었다. 고기를 어떻게, 얼마나 잡았는지는 정확히 기억나지 않는다. 다만 푸르른 웃음과 넘실대는 즐거움만큼은 양동이 가득 채웠다.

다음 날 고기잡이를 마치고 읍내로 돌아왔을 때 선생님께서 일일이 우리의 집을 확인했고 같이 갈 짝을 묶어 주었다. 우리 동네는 나 혼자였다. 산길 어디가 가파르고, 어디가 좁고, 어디에 뱀이 자주 나오고, 어디에 땅벌 집이 있고, 어디에 미친 사람이 자주 누워 있었고, 어디에 친구들 걸려 넘어지게 풀을 묶어 놓았고, 어디에 귀신 쫓으려는 양밥이 있고, 어디에 개울이 있는지를 머릿속으로 그려 보았다. 가는 길에 묘도 세 개나 있다. 한 개는 길에서 좀 떨어져 있지만 두 개는 바로 길옆에 있다. 그중 하나는 가묘로 알고 있다. 가묘도 무섭긴 마찬가지였다.

명호를 출발할 때, 내가 갈 때쯤이면 어두워질 산길을 생각하니 두려움이 몰려왔다. 선생님은 짝 없이 혼자인 나를 보고 혼자 갈 수 있겠냐고 물었고, 나는 차마 혼자가기 무섭다고 대답하지 못해 그냥 "네." 하고 대답했다. 다른 방법이 없다는 것을 알고 있었다. 일행들과 헤어져 혼자가 되고 나자 눈앞이 깜깜해졌다.

희미한 가로등을 뒤로하고 바짝 긴장한 채 혼자 걷고 있는데, 뒤에서 누군가의 발걸음 소리가 따라오는 게 들렸다. 슬그머니 고개를 돌려 보니 수업 시간에 가끔 훔쳐보던 선영이었다. 아무런 느낌도 없었다. 혼자 갈 길만 생각했다. 작년에 우리 반으로 전학을 온 선영이와는 한 번도 대화를 나눠 본 적이 없었지만 아버지가 광산에서 허리를 다쳐 점방을 한다고 알고 있었다. 먼저 말을 걸 용기는 나지 않아 우리는 한마디도 나누지 않은 채 걸었다. 선영이네 점방 가까이 도착했을 때, 마치 없는 듯 내내 조용하던 선영이가 뒤에서 "잠깐만."이라며 나를 불렀다. 하마터면 못 듣고 지나칠 뻔했을 정도로 작은 목소리였다. 선영이는 부스럭거리며 과자 한 봉지를 꺼내 건네면서 "혼자 가려면 무섭겠다…." 하고는 점방 안으로 쏙 사라졌다. 생각지도 못한 상황에 나는 아무 말도 못 하고 멀뚱히 서 있었다. 말할 틈도 없었지만, 설령 있었더라도 말하지 못했을 것이다.

나는 매일 다니는 산길로 갈까, 차가 다니는 큰길로 갈까 고심했다. 큰길로 가면 30분 이상 더 걸어야 하고 밤에는 한 번도 가 본 적이 없었다. 매일 다니는 산길도 밤에 혼자 가 본 적은 없었다. 큰길로 갈지 산길로 갈지 갈등하면서도 발은 이미 익숙한 산길로 가고 있었다.

읍내의 마지막 집 불빛이 사라지자 어둠이 숨 쉬기 어려울 정도로 온몸을 감싸 눈을 감고 걷는 것 같았다. 나는 빨리 걸었다. 조금 걷자 눈이 밝아졌는지 마음이 밝아졌는지 서서히 멀리 있는 산 형체가 보이기 시작했고, 산은 이리저리 움직이며 나를 따라다녔다. 하늘은 푸른 기운이 감돌았지만 길은 깜깜했다. 수많은 별들도 혼자 걷는 밤길에 도움 되지 못했다. 나는 산길을 따라 걷다가 묘 옆을 지날 때 귀신이 쫓아오지 못하도록 힘껏 뛰었다. 뛰고 걷기를 반복하는 사이 어느덧 저 멀리 마을 불빛이 보였다. 이때부터 내리막길이라 더 빨리 달렸다.

집에 도착 후 한참이 지나서야 나는 과자가 있는 것을 깨달았다. 과자를 먹으며 걸었으면 덜 무서웠을 텐데. 한동안 과자 봉지를 뜯지 못했다. 먹기 아까웠다. 내일 선영이에게 무슨 말을 하지, 아니 고맙다는 걸 언제 말할까, 고민했다. 쑥스러웠던 건지, 용기가 없었던 건지, 창피했던 건지 고맙다는 말을 졸업할 때까지 하지 못했다. 그 과자를 언제

먹었는지, 어떤 맛이었는지도 기억은 없다. 그날 이후 내가 선영이를 훔쳐보는 횟수는 더 늘었다.

　나와 선영이는 각자 다른 도시로 진학했다. 가끔 선영이를 앨범으로 보았지만 한 번도 만나지 못했다. 입대 전 잠시 고향집에 머물 때 나는 돌아서 가는 길이지만 꼭 선영이네 점방 앞으로 다녔다. 붉은색 페인트로 '점방'이라고 쓴 간판 사이로 안을 힐끗 들여다보는 습관이 생겼다. 선영이가 준 과자의 기억은 잠자기 전, 심심할 때, 그리고 아무 이유 없이 문득문득 수많은 상상을 가져다주었다. 한참 동안 그랬다.

　중년이 되어 초등학교 동문 체육대회에 가는 차에서 선영이 소식을 듣자 그때의 과자가 떠올랐다. 별다른 느낌 없이 그냥 궁금했다. 그리고 선영이가 보고 싶었다.

　운동장에 도착해 친구들과 인사하며 혹시나 하는 마음에 주변을 둘러봤지만 선영이는 보이지 않았다. 한참을 지나자 한 무리의 여자들이 몰려왔다. 그중에 선영이가 보였다. 아! 가냘프고 귀엽던 아이가 아닌 그냥 건강한 중년의 아줌마가 씩씩하게 다가왔다. 머뭇거리는 순간 선영이가 손을 내밀며 "잘 지내?"라고 했다. 가끔 선영이 소식을 귀동냥했을 때 과자를 징검다리 삼아 이야기를 나누고 싶었는데, 그 순간 모든 마음이 사라졌다. 6학년 때는 하지 못했던 고맙다는 말을 이번에는 하지 않았다.

　언제부터인가 산길은 꿈에서 사라졌다.
　내 기억 속의 해사했던 선영이.
　몇 년 전 그 가묘는 주인을 찾았다는 소식을 들었지만 나의 오랫동안 숨겨 둔 사랑은 사라졌다.

오죽하면, 오죽했으면

　지하철 김포공항역은 인천공항에서, 김포에서, 인천에서 서울 도심으로 이동하는 사람이 환승을 위해 뛰고 또 뛰는 곳이다. 그래서 젊은 이들이 많다. 에스컬레이터에서조차도 서 있지 못하고 걷는다. 나이 든 사람들은 이른 봄 나지막하게 파인 물웅덩이에 서로 머리를 맞대고 꼬리 치는 올챙이처럼 승강기 문 앞에 모인다. 봄볕에 웅덩이 물이 줄어들면 죽을지 모른다는 걸 알아 필사적으로 물을 찾는 올챙이와 이번 승강기를 놓치면 약속을 지키지 못한다는 걸 아는 사람들은 같아 보인다. 무게는 서로 다르겠지만.
　황금 노선이라는 9호선, 시민이 아닌 회사의 황금이다. 황금 노선에서 앉아 가려면, 아니 정시에 타려면 다른 사람들보다 조금 더 빨리 뛰는 노력 없이는 어렵다. 아니면 길게 늘어선 줄이 줄어들 때까지 앞차를 보내는 시간과 여유가 필요하다. 그러면 앉아 갈 수 있다. 나는 매번 앉아 간다.
　오늘도 앉아 갈 요량으로 앞차를 보내고 다음 차를 기다리기로 했다. 나무로 만든 길쭉한 공용 의자에 앉았다. 급행을 보내고 일반을 보내고 다음 급행을 타기로 했다. 여유를 부릴 수 있는 충분한 시간이었다. 특별히 확인해야 할 내용이나 급하게 답해야 할 게 없어도 으레 휴대폰을 들여다봤다. 습관이었다. 가끔은 아무 생각 없이 의자에 앉아 바쁘게 이동하는 사람들을 구경하는 재미도 즐긴다. 요즘 사람들은 어떤 스타일의 옷을 입는지, 헤어스타일은 어떤지, 젊은이들은 요즘 어떤 신발을 신는지, 다음에 살 옷이나 신발을 미리 관찰하기도 한다. 그렇다고 심오하게 관찰하진 않는다. 단지 휴대폰 화면 대신 사람들을 볼 뿐이다. 이렇게 관찰한 결과로 무엇인가를 구매한 적은 아직까지는 없었다. 지하철에 앉으면 조금 전까지 관찰한 모든 것이 사라지기 때문이다. 특별히 기억에 남은 게 없다. 하지만 오늘 본 한 사람은 사무실에 도착해서까지도 기억났다.

긴 의자 끝에 내 또래로 보이는 아저씨 옆에 앉았다. 의자에는 아저씨와 나 둘뿐이었다. 그 아저씨는 직장인의 단정한 출근 복장은 아니었다. 캐리어를 옆에 끼고 배낭을 메고 있어 오랜 출장을 다녀온 것처럼 보였다. 조금은 남루한 옷에 피곤해 보이는 얼굴이었다. 나는 의자에 앉을 때 짧게 아저씨를 보고 더는 보지 않았다. 아저씨도 그랬다. 잠시 후 아저씨가 조용히 일어났다. 나는 반사적으로 아저씨를 봤다. 아저씨는 캐리어를 의자 앞에 두고 배낭만 메고 어디론가 몇 발작 걸어갔다. 의자에서 조금 떨어진 휴지통 앞에 멈췄다. 휴지통 안으로 손을 넣어 무언가를 꺼냈다. 비닐에 싸인 식빵이었다. 식빵의 비닐은 개봉되지 않은 상태로 보였다. 휴지통이 투명한 비닐이라 멀리서도 아저씨 눈에 잘 보였던 것 같았다. 식빵을 싸고 있는 비닐봉지 겉에는 먹다 버린 커피 같은 이물질이 묻어 있었다. 아저씨는 휴지통 안에서 쓰고 버려진 물티슈인지 휴지인지를 꺼내 식빵 비닐봉지를 잽싸게 닦아 메고 있던 배낭을 벗어 속으로 집어넣고는 자리로 돌아와 급하게 캐리어를 끌고 발걸음을 옮겼다. 아저씨가 내 옆을 지날 때 민망할까 봐 고개를 돌려 눈을 피했다. 아저씨도 쑥스러운지 바닥만 응시하며 빠른 걸음으로 사람이 없는 모퉁이를 돌아갔다.

나는 잠시 아저씨가 사라진 곳을 보았다. 어쩌면 아저씨는 내가 옆에 앉기 전부터 식빵을 주시하며 어떻게 할까를 고민했을지도 모른다. 가끔 출근 시간대에 지하철역에서 마주치는 오랜 노숙자보다 아저씨가 더 안쓰러웠다. 아마도 나와 비슷한 젊은 나이 때문이거나, 평범한 옷차림 때문인지도 모른다.

조용했던 사무실에 낯선 아주머니 목소리가 들렸다. 아주머니 모습은 보이지 않았다. 사무실 여직원이 "어떻게 오셨어요?"라고 물었지만, 아주머니 대답은 들리지 않았다. 그리고 잠시 후 여직원은 "나가세요, 여기서 영업하시면 안 돼요."라고 했다. 아마도 아주머니가 여직원에게 카드 가입을 말했을 것이다.

"카드 하나만 가입해 주세요."

카드 영업 하는 아주머니였다.

"잠깐이면 돼요. 카드 하나만 가입해 주세요."

아주머니는 한 번 더 말했다. 여직원이 어떻게 대응했는지는 알 수 없지만 분명 아주머니의 영업을 못 하게 했을 것이다. 더는 아주머니의 말이 들리지 않았다. 흔히 카드와 보험 영업이 가장 어렵다고들 한다. 이미 포화 상태라 기존 영업사원들도 떠나는 시장인데, 아주머니께서 아는 사람 하나 없는 사무실에서, 반겨 주는 사람 없는 사무실에서, 나가라고 밀어 내는 사무실에서 성과를 내기는 신의 도움이나 운이 따르는 게 아니고서는 어려울 것이다. 들릴 듯 말 듯 한 나지막한 목소리가 몇 번 더 들렸다. 나가라는 여직원에게 아주머니는 저항하기보다 애원하는 듯했다. 카드 영업이라 내가 밖으로 나가 여직원을 도와 아주머니를 내보낼 수도, 아주머니의 카드 가입을 도와줄 수도 없어 그냥 가만히 자리에 있었다. 잠시 후 사무실은 다시 조용해졌다. 아마도 여직원의 성화에 저항하지 못한 아주머니가 사무실 밖으로 나간 것 같았다. 오늘 아주머니에겐 신의 도움도 운도 따르지 않은 것 같았다. 누구도 기다리지도 반기지도 않은 회사 몇 군데를 돌고 돌아야 아주머니는 신의 도움을 받을 수 있을까 생각했다. 여직원의 허락이 먼저일 것이다.

김포공항역에서 본 아저씨와 사무실을 방문한 아주머니에겐 오늘이 어떤 날이었을까. 오늘 나는 '오죽하면'이라는 말을 두 번이나 떠올렸다. 누구나 타인의 행동을 보며 이해하지 못할 때, 누가 봐도 아닌 것 같을 때, 상식에 벗어나는 행동을 보면 비웃거나 비방하기도 한다. 나도 그러니까. 오늘은 달랐다.

나이 들어 가며 주변에서 일어나는 딱한 일, 안쓰러운 일을 보면 '오죽했으면'이라는 말을 쓴다. 이해하진 못하지만 이해하려는 나의 최소한의 노력일지도 모른다. 무조건 비방하기보다는. 식빵을 주워 담는 아저씨, 카드 영업하는 아주머니 마음도 나와 같을 것이다. 무엇인가를 해야만 하는 상황, 하지 않으면 안 되는 무엇인가가 있을 것이다. 나도 그렇게 할 수 있을까 짧게 생각해 보는 하루였다. '오죽하면, 오죽했으면'을 반복하며….

누구나 어려운 일을 겪을 때 주변에서 '오죽했으면'을 되새기며 비웃지 말았으면 한다. 내일 나도 그럴 수 있으니까. 그럴 일이 없기를 먼저 바라 본다.

어느 아저씨의 비난과 이해

오늘 초등학교 친구들과 술을 마셨다. 40년간 알고 지낸 친구들이지만 살아가는 방식과 생활은 서로 다르다. 우린 술잔을 돌리며 옛날이야기로 추억을 공유했다. 술기운이 오르자 누구 입에서 시작됐는지 모르지만 사는 이야기가 흘러나왔다. 낮에는 회사에 다니고 저녁에는 아르바이트한다는 친구가 말했다. 힘들다고, 자식과 노후가 걱정이라고. 우리는 같이 공감했다.

나는 친구들과 헤어지고 집으로 가는 버스를 탔다. 번화가를 벗어나 한적한 도로를 지날 때 창밖에 유난히 붉은빛으로 '성인용품'이라고 쓰인 작은 간판이 눈에 들어왔다. 성인이란 글씨만 보면 잊지 못하는 얼굴, 아니 얼굴은 거의 기억나지 않지만 모습은 아직도 선명하게 떠오르는 사람이 있다. 그땐 생각 없이 그 사람을 비난했었는데, 조금은 부끄럽고 미안하다.

1993년 사회 초년생이었을 때 군부대로 가는 예비군 훈련에 처음 참석했다. 그때 예비군 훈련은 으레 참가만 하면 됐다. 지금과는 달리 훈련이 아니라 참석이 주된 목적일 때였다. 국가의 허락으로 회사에 가지 않는 날이라 한편으로는 여유로웠지만 군부대로 가야 하는 귀찮은 날이기도 했다. 맞지도 않는 군복에 오랫동안 구석에 처박아 둔 뻣뻣한 군화를 챙겨야 하기 때문에 내키지 않는 건 어쩔 수 없었다. 훈련 중 지휘관의 명령을 명령으로 생각하는 예비군은 아무도 없었다.

5월 한낮의 날씨는 여름을 방불케 할 만큼 더웠다. 훈련 시간에도 그늘 밑에 숨어 누가 더 많이 쉬는지가 예비군들의 관심사였고, 그럴 때마다 예비군을 인솔하는 지휘관들은 진땀을 흘렸다. 나는 친구와 같이 차광막 그늘에 비스듬히 기대어 돌아가는 시계 침만 바라보다 오전 일과를 마쳤다.

가끔은 오랜만에 점심으로 먹는 군대 짬밥이 맛있을 때도 있었다. 점심 후 오후 일과는 시작과 동시에 출석 점검으로 퇴소 준비를 했다. '드디어 올해 예비군 훈련은 모두 마쳤다.' 하고 속 시원히 출입문 밖으로 나왔다. 벌써 많은 예비군들이 앞다투어 훈련장을 벗어나고 있었다.

훈련장 앞 버스 정류소 옆 자그마한 공터에 먼저 나온 한 무리의 예비군들이 웅성웅성하며 모여 있는 게 눈에 들어왔다. 나는 친구와 함께 무리로 다가갔다. 서른 명도 훨씬 넘는 예비군들이 아저씨를 에워싸고 빙 둘러 앉아 있었다.

우리도 슬금슬금 예비군 무리 속으로 파고 들어갔다. 새하얀 셔츠에 버스 정류소 가판대에서 판매할 법한 진한 새빨간 넥타이를 짧게 맨 아저씨를 가까이에서 볼 수 있었다. 어릴 적 덩치 큰 형 옷을 물려 입은 것 같은 유난히 작은 몸피의 아저씨였다. 손에 들린 물체와 사용하는 단어로 아저씨가 무엇을 하는지 바로 알 수 있었다. 성인용품을 팔고 있었다. 그 당시는 흔히 볼 수 있는 광경이었다. 인터넷이 없던 시절에 맞는 아이템이었다. 아저씨는 성인용 VCR 테이프를 한 손에 들고 있었다. 일명 '빨간 테이프'라고도 했다. 바닥에 놓인 아저씨의 검은 가방에 테이프가 한가득 들어 있었다. 한국, 일본, 미국 테이프를 왼손, 오른손으로 번갈아 흔들어 대며 끊임없이 말을 이어 갔다. VCR 테이프 표지와 케이스는 대부분 빨간색이었다.

 예비군들은 아저씨 손에 들린 테이프를 흥미진진한 눈빛으로, 사격 훈련 때 보는 총구보다 더 뚫어지게 쳐다보고 있었다. 아저씨는 일본, 미국, 한국 테이프의 특징을, 직접 경험한 사람처럼 적나라하게 소개했다. 남성의 특정 신체 부위를 직접적으로 또는 특정 사물에 비유하며 설명하기도 했다. 예비군들이 더 모여들자 신난 아저씨는 더더욱 노골적으로, 모인 예비군들이 상상할 수 있을 정도로 상세하게 감정을 담아서 설명했다. 아저씨는 입가에 묻은 거품을 연신 닦으며 말을 이어 갔다. 아저씨의 맞장구에 정답을 맞힌 학생처럼 더더욱 신이 나서 쉴 새 없이 대답하는 예비군, 집중하며 관심을 보이는 예비군에게 물건들을 더 가까이 보여 주며 아저씨는 열을 올렸다. 예비군들은 훈련 때보다 더 자발적으로 참여했다. 집에 가는 것도 잊은 채 우리 모두가.

 어린 시절 장날 약장수 아저씨 주위를 둘러싸고 앉은 시골 어른들과 비슷했다. 가끔은 당당하게 테이프를 사는 예비군도 있었고 살 듯 말 듯 농담만 주고받고 가는 예비군, 부끄러워 곁눈으로 쳐다보는 예비군, 좌판 가까이 바짝 다가가 아저씨의 입담에 혼자 상상하는 듯한 예비군, 다 안다는 듯 아무 관심도 없이 휙 둘러보고 가는 예비군도 있었다. 아저씨는 흰 손수건으로 목과 얼굴 땀을 닦으며 열정적으로 영업 활동을 지속했다. 시간이 지날수록 오월 햇볕에 아저씨의 겨드랑이 땀자국은 점점 넓어져 갔다.

 예비군들과 아저씨의 갈망은 서로 다른 듯했다. 나는 아저씨를 보며 문득 생각을 했다. 저 테이프를 아저씨는 다 봤을까. 아저씨 말처럼 재미있을까. 아저씨가 테이프 파는 걸 자식들은 알까. 하루에 얼마나 벌까. 부끄럽지 않을까. 사지 멀쩡한 사람이 왜 저런 일을 할까, 다른 일도 충분히 할 수 있을 텐데 하며 속으로 비난도 했다. 버스 출발 시간이 되어 중간에 빠져나와 아저씨의 마무리를 보지 못했다. 그때까지 테이프를 사는 예비군은 몇 명 없었다. 아저씨의 말을 즐길 뿐이었다. 그 기억은 아주 오랫동안 내 머릿속에 자리 잡고 있었다. 그날 아저씨는 얼마나 팔았을까? 가끔은 궁금했다. 다음 해 예비군 훈련장에서는 그 아저씨를 보지 못했다. 나는 그날 어디까지 구경했는지는 기억이 없다.

그땐 아저씨를 이해할 수 없었다. 아니 애초부터 이해할 생각은 없었을지도 모른다. 지금 아저씨의 모습을 떠올려 보면 안쓰럽기 그지없다. 오죽하면 멀쩡하게 양복을 차려입고 남들이 꺼리는 일, 웃음거리가 될 일에 온몸을 던졌을까. 아마도 삶의 무게를 견디다 못해 그랬겠지. 중년이 되고 보니 그때의 아저씨를 조금은 이해할 것 같다. 아저씨의 중년은 예찬일까? 배신일까? 예찬이었으면 좋겠다.

혹시 아저씨는 지금도 그런 일을 하고 있을까, 아니겠지. 아니길 바라 본다.

떠나지 않는 불안감

　사람이 세상을 살아가면서 가끔은 왠지 모르게 불안을 느낄 때가 있다. 일이 뜻대로 되지 않을 것 같은 느낌, 원치 않은 방향으로 흘러갈 것 같은 반갑지 않은 느낌. 대상조차 없는 불안도 있다. 그리고 누구나 이유 없이 다가오는 불안의 원인을 찾고자 고심하기도 한다.

　학생 시절 안 한 숙제 검사가 다가올 때의 불안, 시험이 끝나고 점수 미달일 때의 불안은 벌을 받거나 매를 맞고 나면 개운하게 끝났다. 어릴 때 불안은 대가를 치르면 간단하게 해소됐다. 하지만 성인이 된 이후 불안감은 더 광범위하고 오래간다. 거래처에서 갑작스럽게 보자고 할 때, 교통 법규를 위반한 다음 경찰과 마주쳤을 때, 연락 없이 아들의 귀가가 늦어질 때도 불안하다. 과음한 다음 날 기억이 희미하거나 떠오르지 않을 때의 불안감은 며칠씩 간다. 국어사전에서는 행복을 '생활에서 충분한 만족과 기쁨을 느끼어 흐뭇함'이라 정의하고 있다. 그렇다면 마음이 편치 않고 조마조마한 불안을 먼저 없애야 행복할 수 있다는 의미 아닌가?

　2020년 8월, 선배는 벌써 20일째 연락이 두절됐다. 휴대폰 전원이 꺼져 있다는 메시지만 반복해서 들렸다. 자주 만나는 선배의 친구, 오랫동안 알고 지내는 후배, 동료들에게 수소문했지만 선배의 소식은 그 어디에서도 들을 수 없었다. '다 큰 어른이 별일 있겠어. 마음이 복잡해 어디 가서 잠시 쉬고 오겠지.' 하며 불안한 마음을 다스렸다. 그러고도

2주가 더 지나자 주변에는 걱정하는 사람들이 늘어났다. 평소 적극적으로 모임을 주도하고 매번 참석하는 선배가 이유 없이 연락을 끊을 것 같지 않았다. 단톡 방을 뒤져 보니 선배는 한 달째 미확인자로 남아 있었다.

15년을 알고 지낸 선배인데, 잠적할 인품도 못 되고 다른 사람에게 원한을 살 행동은 더더욱 못 하는 선배인데, 8월 초 여의도에서 함께 점심을 먹었고, 그 후 한 번 더 카톡 한 것이 마지막이었다. 혼자 훌쩍 떠난 여행은 분명 아닌 듯했다. 혹시나 하는 마음에 집으로 등기 우편을 발송했으나 수취인 불명으로 반송되었다. 가끔은 뉴스나 영화에서 본 불길함이 떠오르곤 했다. 수소문 범위를 더 넓혀 봐야겠다 마음먹었다.

며칠 후 선배가 다니던 회사로 찾아갔다. 사무실이 잠겨 있었다. 생각하고 싶지 않은 불길한 상상이 스쳐 갔다. 소유주인 회장실 불은 꺼져 있었다. 입사한 지 4개월 됐다는 건물 관리소장이 내가 찾는 선배를 모른다고 말했다. 그 말에 나는 어리둥절하고 혼란스러웠다. 10년 넘게 이 회사 대표이사로 근무하고 있었는데. 며칠 전 선배의 가족이 경찰서에 실종 신고를 접수했고, 담당 형사가 선배의 행적을 조사했다고 사무실 직원이 말했다. 선배를 생각할 때면 상상만으로도 끔찍한 불안함이 문득문득 따라다녔다.

지난달 선배가 코로나19 사태로 베트남이 외화 반출을 막아 현지 공장에서 한국으로 돈이 들어오지 못한다며 지나가듯 한 말이 기억났다. 그제야 비로소 분명 돈과 관련 있다는 생각이 들었다. 그때 응하지 못한 게 미안했다. 그렇다고 선배가 채무를 피해 도망 다닐 사람은 아니라고 나는 확신했다. 혹시 선배가 채권자에게 납치된 건 아닐까, 뉴스에서 흔히 볼 수 있는 채권자나 청부업자의 납치, 살인, 사체 유기에 엮인 건 아닐까. 연결하고 싶지 않은 불길한 단어들이 자꾸만 주변을 맴돌았다. 그렇다면 큰일이 아닌가.

담당 형사는 뭔가 더 알고 있겠지 싶어 무작정 경찰서 민원봉사실, 여성청소년과, 생활안전과, 실종수사팀을 방문했다. 실종 신고자가 아닌 나는 개인정보보호법에 가로막혀 듣고 싶은 내용은 물론 선배 아내의 연락처조차 구하지 못했다. 함께 다녔던 선배의 단골 식당은 폐업했고, 공동 투자자라고 했던 술집 사장은 선배를 못 본 지 오래됐다고 했다.

2년 전 결혼한 선배의 큰딸 청첩장을 검색했다. 찾을 수 없었다. 청첩장을 올렸던 밴드를 뒤져 보니 여러 가지 축하 메시지가 보였다. 큰딸과 사위에 관한 간단한 정보를 찾았다. 온라인으로 입금된 축의금을 사위가 수학 교사로 재직하고 있는 학교에 장학금으로 기부한 내용이 있었다. 사위의 이름은 있으나 학교명이 없어 도움이 되지 못했다. 큰딸의 이름과 근무처도 알아냈다. 직원 검색 사이트로 확인했지만 '검색한 직원은 없습니다.'라는 안내 메시지만 반복적으로 떴다.

지난 1월에 퇴사했다는 인사 담당자의 말을 들었다. 큰딸 연락처는 개인정보보호법에 의거하여 절대 알려 줄 수 없다고 했다. 선배의 현재 상황, 연락하고 싶은 이유, 선배와의 관계, 큰딸에 대해 알고 있는 내용을 말하며 사정했지만, 관계 법령상 어쩔 수 없다는 대답만 되돌아왔다. 하는 수 없이 내 연락처를 인사 담당자에게 알려 주고, 큰딸에게 전달해 내게 전화해 주길 부탁했다. 그렇게 하겠다는 대답만으로 만족해야 했다.

아침마다 인터넷에서 사건 사고 뉴스를 찾아 보곤 했다. 다행히도 선배와 연관될 만한 사건 사고 뉴스는 아직 없었다. 불안감이 계속 커져 갔다. 이 불안감은 언제쯤 해소될까? 불안감을 다소 가라앉히기 위해서라도 난 무엇인가 또 해야 할 것 같다. 이제 내가 할 수 있는 일은 별로 없다. 그렇다고 찾아다닐 수도 없다. 어떤 사람은 출국한 거 아닌가, 어떤 사람은 교도소에 간 거 아닌가 추측하기도 했다. 선배 가족이 사는 경기도 이천으로 가 볼까, 가족은 얼마나 힘들까, 이천으로 가는 게 도움이 될까, 이런저런 생각은 불안감을 키웠고 나쁜 상상을 더 하게 만들었다.

아무 일 없이 그냥 나타났으면 좋겠다. 머쓱하게 웃으며 '한잔하자.'라고 소리치며. 베트남 맥주 거리에서처럼. 환갑 여행 때 찍은 선배의 자신감 넘치는 포즈를 조금 더 기다려야 다시 볼 수 있을 것 같다. 이렇게 떠나지 않은 불안감을 품고 몇 년이 흘렀지만 아직 선배는 돌아오지 않았고 소식도 없다. 선배가 생각날 때면 '조만간 오겠지.'를 반복한다.

오늘도.

2장

오래 묵은 너나들이

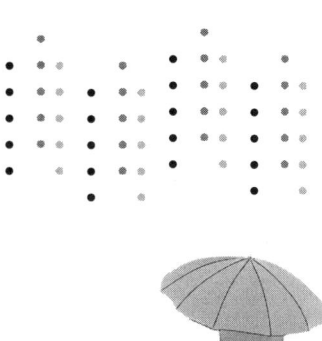

막 내린 네 명의 동창회

한 달 전부터 단체 대화방의 알람이 간간이 울리기 시작했다. 며칠 전부터는 더 분주하게 울렸다. 초등학교 동문 체육대회 소식과 함께 참석하자는 내용들이었다. 체육대회가 열리는 곳은 경북, 경북 중에서 가장 산골로 알려진 봉화, 봉화읍에서도 30분 정도 떨어진 봉성, 인근에 연고가 있지 않고서는 알 수 없는 자그마한 시골이다. 논밭에만 의존하는 삶이라서 도시로 떠날 수밖에 없어 중학교는 폐교된 지 오래되었고 초등학교마저 마감을 눈앞에 두고 있다. 일제강점기에 문을 연 학교라서 100년도 훨씬 넘었다. 지금은 전교생이라곤 고작 열 손가락으로 다 꼽을 정도다.

체육대회는 초등학교 친구들의 안부를 확인하고 함께 늙어 가는 선후배들과 정을 나누고자 매년 학교에서 열리고 있다. 간부들은 기수별 인원 동원이 가장 큰 자랑인지라 수없이 대화방을 두드렸다. 때로는 귀찮기도 했지만 친구들의 성화와 시골에 계시는 노부모 뵙기를 핑계로 아침 일찍 출발했다.

체육대회를 마치고 시골집으로 갔다. 늦은 밤이라 자다 깬 노부모는 불쑥 찾아온 나를 보고 놀라움과 반가움을 얼굴 가득 채우며 "저녁은 먹었냐?" "배고프면 저녁 줄까?" 하곤 이렇게 늦은 밤에 내 저녁 걱정을 하셨다.

"체육대회는 몇 시에 끝났냐?" "친구들은 많이 왔냐?" "누구누구도 왔냐?" "내일 또 학교에 갈 거냐?" 하는 질문 보따리도 풀어놓으셨다.

내일 집에 다시 올 시간이 없다는 말에 부모님은 사과, 대추, 배추, 무를 승용차에 미리 실어 가라고 하셨다.

아버지는 다시 잠을 청했지만 쉬이 오지 않는지 누워서 학교에 대한 이야기를 끝없이 하셨다. 아버지도 같은 초등학교를 졸업한 동문이었다. 아버지는 해방 전에는 일본어로 수업했다, 해방 후 큰형이 다닐 때에는 학생들이 많아 오전·오후로 나누어 학교를 다녔다, 학생이 제일 많을 때는 2천 명을 넘어 운동장이 좁았다, 동네에는 학교에 다니지 못하는 애들도 많았다, 몇 년 전 폐교된 중학교를 건립할 때 15만 원을 기부했는데 그게 벌써 40년 전이다 등등 학교에 관한 기억의 단편들을 주마등처럼 들려주셨다. 어느새 아버지는 몸을 일으켜 앉으시며 우리 동네에는 초등학생이 한 명도 없어 머지않아 초등학교도 문을 닫아야 할 것 같다며 안타까워하셨다. 아버지는 학교와 인생을 흐르는 강물처럼 유유히 이야기하셨다. 덤으로 네 명의 동창회도.

"매년 올해가 이승에서의 마지막 동창회가 아닐까 하는 생각이 든다. 누구든 한 명만 죽어도 더는 동창회를 할 수 없어."

아버지는 흘려 버리듯 말씀하셨다.

아버지 연세는 80대 끝자락. 작년까지는 매년 가을 추수가 끝나면 동창회를 했다고 하셨다. 하지만 올해부터는 동창회를 하지 못할지도 모른다고 하셨다. 친구 중 한 명이 올해를 넘기기 힘들어 참석할 수 없다는 소식을 한동네 사람에게 들었다고 하셨다. 올봄부터 병이 깊어 입원한 친구라며 특별한 감정 없이 현실을 받아들이시는 눈치였다. 아버지는 환갑이 지나서부터 동창회를 시작했고, 그때만 해도 버스를 빌려 여행 갈 만큼 참석 인원이 많았지만 세월이 지나면 지날수록 동창회 참석 인원들이 줄어들었고, 일흔을 넘기자 급격히 줄어들었고, 여든에는 10여 명이었다가 여든 중반을 넘어서자 7명만 남았다고 하셨다.

 그마저도 2년 전부터는 오롯이 네 명으로 초등학교 동창회를 했다고 하셨다. 아버지는 "분명 동창이 어딘가에 더 살아 있을 거야, 연락이 안 돼서 그렇지."라고 애써 강조하셨다. 아버지는 동창들 중 6.25에 참전해 10여 명이 먼저 떠났다고 하셨다. 아버지도 6.25 때 죽을 고비를 몇 번 넘겼다는 말씀을 평소 자주 하시던 터라 나에게 새로운 감정으로 다가오진 않았다.
 그렇게 네 명이 참석하는 동창회를 몇 년간 이어 왔으나 1년 전 동창 한 명이 요양원에 들어갔다고 하셨다. 동창 세 명은 읍내에 모여 반주를 곁들인 점심을 먹고 음료수와 간식을 준비해 택시를 타고 요양원으로 간다고 하셨다. 친구 면회가 동창회라고 하셨다. 요양원에 있는 친구의 건강을 물어보고 서로의 안부를 확인한다고 하셨다. 동창회는 요양원 친구가 앉아 있기 힘들어해서 한 시간도 못 되어 끝난다고 하셨다. 그렇게 동창회를 마치고 세 명이 택시 타고 돌아온다며 말씀을 끝내시는 아버지의 표정에 허전함과 쓸쓸함이 가득했다. 얼굴의 주름보다 더 깊은 마음의 주름이 느껴졌다.
 동창회를 회상하시면서 서글퍼 보이는 아버지의 눈을 피해 나는 가끔 바닥을 응시했다. 요양원에 친구를 두고 나올 때 어떤 심정일까? 다시 보자는 약속을 지킬 자신이 있었을까? 혼자 요양원에 남겨진 동창은 어떤 심정이었을까? 동창들은 무슨 말을 많이 했을까? 이런저런 생각에 허공을 바라보며 세월을 읊조리는 아버지를 보니 가슴에서 시작한 슬픔이 온몸으로 퍼졌다. 무슨 위로가 있을까? 세월인 걸.

아침부터 동창회로 부산을 떨고 밤늦게 찾아와 괜히 아버지께 죄스럽다. 생의 긴 열차에서 친구들이 하나둘 내릴 때의 슬픔, 내 차례를 기다리는 두려움, 아버지는 종착역으로 달리는 차에 남겨진 불안과 허망함을 주름에 깊게 숨겨 두고 있었다. 어쩌면 매년 다가오는 네 명의 동창회는 죽음에 대한 두려움일지도 모른다.

아버지가 하던 네 명의 동창회는 언제 막을 내렸는지 알 수 없지만 분명 네 명의 동창회는 더는 없을 것이다. 아버지가 안 계시니.

나의 열한 번의 눈물

밤 9시경 모임을 마치고 선배와 함께 버스를 기다렸다. 선배는 먼저 도착한 버스를 타고 떠났다. 나는 습관적으로 휴대폰을 확인했다. 부재중 7통. 누님에게서 온 전화였기 때문에 상황을 짐작했다. 전화를 걸자 먼저 울음소리가 들렸고, 누님은 어머니가 돌아가셨다고 했다. 며칠은 더 계실 줄 알았는데, 3일 전 모습이 마지막이라니.

기다리던 버스를 탔다. 어머니가 돌아가셨다는 말에 실감도 눈물도 나지 않았다. 버스는 느리게만 달렸다. 급한 마음에 아내에게 전화했지만 받지 않았다. 집에 도착해 아내에게 소식을 전하고 눈에 보이는 대로 짐을 챙겼다. 서두르지 말라고 몇 번을 말하는 아내에게 서운했다. 밤 10시 40분경, 자기가 운전하겠다는 아내의 말을 거절하고 내가 운전대를 잡고 출발했다.

고속도로는 늦은 시간이라 차들이 뜨문뜨문 다녔다. 원주를 지나자 안개가 자욱하게 올라왔다. 상향등을 켜고 달렸지만, 위험하다고 속도를 줄이라는 아내의 잔소리는 계속 이어졌다. 형님 집에 도착할 때까지도 실감 나지 않았다. 새벽 1시경 도착한 형님 집은 너무 조용했다. 형님은 위험하게 왜 밤에 왔냐, 내일 와도 되는데 누가 벌써 멀리 있는 애들한테 전화했냐, 어머니는 병원 영안실에 모셨고 아버지는 어머니가 돌아가신 사실을 아직 모르고 계시다며 이런저런 상황을 설명했다.

다음 날 아침을 먹는 둥 마는 둥 하고 미리 준비해 둔 물품을 챙겨 장례식장으로 갔다. 한참 후 제단을 꾸밀 때 어머니 영정 사진을 들고 장례식장에 들어오시는 아버지를 보니 마음이 아팠다. 제단에 덩그러니 놓인 어머니 영정 사진을 가만히 바라보던 아버지는 눈물을 훔치며 말씀하셨다.

"네 엄마 고생 많이 했다. 너하고 막내 걱정 많이 했는데…."

지난여름 폐암 말기를 통보받고 집으로 오신 뒤 2개월 좀 더 사셨다. 두 달간은 집에, 나머지 18일은 병원에 계셨다. 돌아가시기 3일 전 군 복무 중인 당신의 손자를 알아보며 얼굴을 어루만지시기에 2주는 더 계실 거라 생각했지만 그게 온 힘을 다한 것임을 뒤늦게 깨달았다. 그날 저녁 살아서 아버지와 마지막 작별 인사를 했고 그렇게 두 분의 70년 결혼 생활을 마감했다.

제단에 꾸미고 상을 차리고, 상복을 입고 장례 준비를 했다. 제단에 놓인 영정 사진을 볼 때도 눈물은 나지 않았다. 제단 앞에 혼자 있을 때 장례 지도사가 술잔을 올리고 절을 권했다. 술을 붓고 두 번째 절을 하니 눈물이 왈칵 쏟아졌다. 통곡이 온몸으로 밀려와 일어날 수도 엎드려 있을 수도 없었다. 마치 전기에 감전된 것 같았다. 장례 지도사의 안내에 따라 나는 혼자 첫 번째 제사를 마쳤다. 떨리는 손으로 휴대폰 연락처를 검색하며 부고를 했다. 문상객을 응대하는 시간이 길어지고 익숙해져 눈물은 없었다.

장례 첫날 늦은 저녁 장례식장 밖에서부터 아주머니들 울음소리가 크게 들렸다.

"아이고, 이모. 아이고, 이모."

장례식장에 들어선 이종사촌 누님들은 어머니 영정 사진을 보자 주저앉아 울었다.

"아이고, 이모. 아이고, 이모."

문상도 잊은 채 바닥에 앉아 우는 이종사촌 누님들의 곡소리에 코끝이 찡하더니 기어코 참고 있던 눈물이 터져 흘렀다. 옆에 있던 형님도 훌쩍거리며 눈을 비볐다. 이종사촌 누님은 어머니가 입원했을 때 몇 번을 찾아와 큰이모랑 가장 많이 닮은 어머니를 살갑게 대했다. 부산에서 출발해 밤늦게 도착한 사촌 누님이 소리 내어 울며 제단 앞으로 기어왔다. 일흔이 넘은 사촌 누님은 작은엄마가 생각난다며 흐느껴 울었다. 아버지를 보고 또 울었다. "작은아버지, 오래 사세요." 하며 연신 작은아버지가 불쌍하다고 했다. 이렇게 장례 첫날이 지나갔다.

부모 장례를 치른 모든 이들은 입관할 때가 가장 슬프다고 한다. 그냥 계시라고 했지만 아흔하나이신 아버지의 고집을 꺾을 수 없어 나는 아버지를 부축해 입관실로 모시고 갔다. 입관실 입구에 다다르자 먼저 도착한 누님들과 사촌들의 울음소리가 밖에까지 들렸다. 모두 울었다. 나도 그랬다. 감정을 조절할 수 없었다. 얼굴을 쓰다듬을 때 시신이라는 느낌보다 어머니라는, 마지막이라는 감정에 더더욱 눈물이 났다. 나는 아버지에게 수시로 휴지를 전했다. 옆에서 따라다니던 아내는 계속 내게 휴지를 건넸다.

아버지의 무릎은 구부러지고 몸은 가라앉기 시작했다. 부축하는 나에게 아버지의 슬픔이 온몸에 전달되었다. 입관실에 더 계시면 안 될 것 같았다. 입관이 끝나기 전에 밖으로 나가자고 했지만 아버지는 응하지 않으셨다. 입관을 마치고 나오는 긴 계단이 끝날 때까지 아버지의 슬픔이 느껴졌다. 장례 내내 아침마다 상식을 올리고 온 가족이 곡을 할 때면 눈물이 어김없이 흘렀다.

　장례 마지막 날 발인이 시작되기 전부터 시작된 눈물은 장지로 가는 버스가 출발한 한참 후까지 계속됐다. 버스 안은 가족의 슬픈 합창으로 가득 찼다. 뒷자리에 앉은 아내는 내게 휴지를 건네주었다. 아버지는 제일 앞 승용차로 가셨다. 버스가 시내를 벗어나자 가족들의 울음소리는 서서히 멈추었다.
　한동안 조용하던 버스가 고향 마을 어귀에 도착했다. 사촌 누님이 "구부러진 허리로 유모차를 끌고 매일 다닌 마을회관에 잠시 들러야지." 하셨지만 버스는 그러지 않았다. 고향 마을 입구에서 시작된 눈물은 고향집 마당을 돌 때 슬픈 감정이 더욱 격해졌다. 초등학교 2학년 때 옆집 아저씨를 태울 꽃상여가 기다리던 집 앞 작은 공터에 여름내 주인 없이 혼자 볕을 받아 탈색된 늙은 어머니의 유모차가 덩그러니 놓여 있었다.
　마을을 뒤로하고 장지로 떠날 때는 이웃들도 울었다. 장송곡 소리꾼은 간간이 구슬픈 소리로 마음을 울렸다. 짓궂은 농담으로 웃게도 만들어 슬픔을 희석시키기도 했다. 하관을 하고 자식들이 돌아가며 절하고 흙을 뿌릴 때 나는 열 번째 눈물을 흘렸다. 인부들이 흙을 다지고 봉분을 만들고 잔디를 입혔다. 산소가 다 만들어져 첫 제사를 지냈다. 자식들이 제사 지낼 때 아버지는 산소 옆 자그마한 의자에 홀로 앉아 연신 눈물을 닦고 계셨고, 나는 그 모습에 마지막 눈물을 흘렸다. 나의 열한 번의 눈물로 어머니와 긴 이별을 했다.

암 검사를 받고 집에 돌아오던 날 나는 휴대폰으로 어머니의 사진을 찍었다. 병원이 아닌 집에서, 환자복이 아닌 평상복이 더 나을 것 같아서. 암의 고통에 미소를 덧묻고 있는 어머니의 마지막 모습이 내 휴대폰에 있다. 아직 열어 보지 못한다. 돌아가신 지 3개월이 지났건만 아직도.

아마도 두려움도 슬픔도 아닌 그리움이 아닐까 싶다.

어느 여름날의 모시 적삼

"용팔아, 할배 오신다, 용팔아, 할배 오신다."

저 멀리 무엇인가 움직였다. 산비탈 좁은 오솔길에 균형이 일그러진 흰 나비처럼 물체가 움직였다. 허수아비인지 비닐 조각인지 알 수 없지만 시간이 지날수록 점점 커졌다. 어느 지점부터인가 소리도 들렸다. 소리는 점점 커지고 반면 동네는 아직 조용했다. 몇 번을 외치던 소리는 악다구니로 변했다. 분명 미친 사람의 행동이었다. 잠시 쉬는가 싶더니 또 소리를 질렀다. 더는 움직임도 소리도 없었다.

동네 사람들은 소리 지르던 권 영감이 어찌된 게 아닌가 걱정했다. 권 영감은 풀밭에 누워 옴짝달싹하지 않았다. 용팔이와 그 아비가 영감에게로 걸어갔다. 이를 본 권 영감은 그제야 더 크게 소리를 질렀다.

"용팔아, 할배 오신다. 용팔아, 할배 오신다."

"동네 창피하게 왜 이러세요, 빨리 가요."

아들은 권 영감의 손을 잡아 끌었다. 하지만 권 영감은 몸을 축 늘어뜨린 채 부추겨도 움직이지 않았다. 하는 수 없이 아들은 용팔이의 도움으로 권 영감을 업었다. 조용하던 권 영감이 다시 소리를 질렀다. 어느새 용팔이도 아버지 옆을 따르고 있었다. 오늘도 권 영감의 하얀 모시 적삼은 흙과 풀로 얼룩덜룩 물들었다. 오늘 장날도 아닌데, 아랫마을에 잔치라도 있었나. 권 영감 삼부자가 잘 보이는 동네 어귀에서 기웃기웃하던 사람들이 오늘은 별일 없네 하는 심정으로 뿔뿔이 흩어졌다. 몇 년째 이어지는 우리 동네만의 좋은 구경거리였다.

어릴 적 내가 살던 시골은 남향으로 자리 잡은 조그마한 산골 마을이었다. 마을 뒤로는 하늘과 맞닿은 산들이 겹겹이 둘러싸여 세상의 끝처럼 느껴졌다. 마을 앞은 논과 밭으로 펼쳐져 있고 아랫마을과 통하는 두 갈래 길이 있었다. 큰길은 경운기가 다니고 다른 하나는 남쪽 들판을 동서로 가로지르는 오솔길이었다. 마을 어느 집에서도 그 길이 보여 마을에 드나드는 사람을 누구나 볼 수 있었다. 여름철 오후가 되면 그늘이 저 아랫마을 오갈 때 사람들은 이 길로 다녔다.

우리 마을에는 안동 권씨가 제일 많았고 그 다음으로 밀양 박씨, 유씨, 안씨, 고씨 등이 모여 10여 가구를 이루고 살았다. 유 씨와 안 씨는 권 씨 친척이었다. 권 영감의 일가친척이 동네에 제일 많이 살았다. 땡볕이 슬그머니 기운을 잃어 가는 어느 늦여름 오후, 권 영감의 습관적인 소리가 마을에 울려 퍼졌다. 그날은 어찌된 일인지 권 영감의 소리는 잦아들지도 그치지도 않았다. 권 영감의 소리에 아들과 용팔이가 달려가 양손을 잡고 집으로 가던 평소와 달리 권 영감의 부름에도 아무런 반응이 없었다. 이내 권 영감이 지쳤는지, 무엇을 감지했는지 조용히 흐느적거리며 집으로 갔다.

잠시 후 와장창하는 소리가 들렸다. 무엇인가 부수고 던지고 망치로 문짝을 치는 소리였다. 이내 권 영감이 욕을 해 댔다. 낮에 무슨 일이 있었는지 권 영감의 행동은 소리만 지르던 다른 날과 사뭇 달라 보였다. 권 영감은 마당에 쌓아 놓은 보리 가마니를 넘어뜨리고 쉴 새 없이 살림을 부수고 방에 들어가 옷가지를 던지고 모아 놓은 곡식을 닥치는 대로 흩어 버렸다. 마당은 온갖 곡식과 옷가지, 대야, 그릇으로 난장판이 되었다.

어느새 권 영감 집의 대문 앞으로 어른들이 하나둘 모여들기 시작했고 아이들도 사이사이 끼어들었다. 집에 있어야 할 권 영감의 막내딸인 미자는 창피한지 어디론가 숨어 버렸다. 권 영감은 급기야 도끼로 문짝을 후려치고 마루 기둥을 찍었다. 한동안 천방지축으로 행동하던 권 영감은 분이 풀렸는지 힘이 떨어졌는지 씩씩거리며 마당 구석에서 욕만 해 댔다.

아들은 무언가를 작심한 듯 이때까지 아무 대거리 하지 않았다. 심지어 말리지도 않았다. 순간 권 영감과 아들은 서로 눈이 마주쳤다. 아들은 권 영감이 던져 마당에 나뒹구는 살림살이를 밟고 마구 부수었다. 양은 세숫대야는 쾅, 와장창, 탕탕탕 하고 큰 소리를 내며 마당 끝으로 나가떨어졌다. 욕과 요란한 소리는 한동안 계속됐다. 아들은 권 영감보다 더 큰 동작으로 온 집 안을 헤집고 다녔다. 그 영감에 그 아들이라 성질이 불같다는 소문대로였다. 며느리와 영감의 아내는 이들을 말릴 엄두를 내지 못하고 멍하니 동네 사람처럼 구경했다. 분이 덜 풀렸는지 아들은 마당 한 귀퉁이에 있던 팥 자루를 집어던졌다. 마당에는 붉은 팥이 나뒹굴었다. 동네 사람 누군가의 입에서 "아이고 저걸 어쩌나, 누가 다 치워, 팥 농사 잘 졌네."라고 한마디씩 했다. 아들의 행동에 놀란 권 영감은 어찌할 바를 몰라 뒷짐 지고는 마당을 이리저리 돌아다녔다.

대문 앞엔 동네 사람들이 장날 약장수 구경하듯 어른, 아이 할 것 없이 모두 모였다. 지게 진 사람이며, 새참 그릇을 머리에 인 사람도 있었다.

급기야 아들은 권 영감을 번쩍 들어 안았고 영감은 발버둥 치며 소리 질렀다.

"왜 이래! 이놈아, 놓아라!"

"이놈이 미쳤나, 왜 이래!"

아들은 뭔가 작심한 듯 아무런 대꾸 없이 무표정한 얼굴로 대문으로 걸어 나왔다. 어쩌면 아들은 고려장이라 생각했을지도 모른다. 힘에 부쳤는지, 포기했는지 권 영감은 이내 아무런 말도 더 이상의 발버둥도 없이 얌전했다. 아들이 대문 밖으로 나오자 동네 구경꾼들은 길을 비켜 주었다. 대문을 나온 아들은 몇 발작 앞에 있는 논바닥에 권 영감을 냅다 던져 버렸다. 권 영감은 물 빠진 논바닥에서 흐느적거리며 빠져나오려고 벼를 잡고 일어섰다 앉기를 반복했다. 권 영감의 모시 적삼은 점점 진흙투성이로 변해 갔다. 동네 아주머니들은 권 영감보다도 진흙 묻은 모시 적삼을 걱정했다. 그날은 평범한 늦여름 더위를 잊게 할 재미있는 구경거리로 오랫동안 기억에 남았다. 한동안 동네 어른들의 안줏거리기도 했다. 그날 이후 권 영감의 난동은 한동안 잠잠했지만 언제부터인가는 또 그랬다.

권 영감은 젊어서 어렵게 살다가 아들이 장성하고 결혼하여 3대를 이루며 형편이 조금 나아졌다. 며느리를 얻고부터 권 영감은 여름엔 품이 많이 가는 모시 적삼을 입었다. 집안의 모든 일은 장남인 아들 위주로 돌아갔고 뒷방 늙은이로 나앉으며 권 영감의 술주정이 시작되었고, 권 영감은 장손이 태어나고부터 술만 마시면 '용팔'을 부르기 시작했다. 용팔이가 자라면서 권 영감의 술주정은 나날이 과격해졌다.

권 영감의 손자 사랑과 권 영감의 젊은 시절 이야기를 권 영감이 죽고 동네 어른들에게서 들었다. 어렸을 때는 권 영감을 미쳤다고만 생각했는데, 아마도 권 영감은 손자를 끔찍하고 지독하게 사랑했던 것 같다. 자신만의 방법으로 손자 사랑을 표현했던 것이다. 가신다를 오신다로 바꿀 만큼.

죽은 지 몇십 년이 지났지만, 가끔 시골 들판을 보면 구부정한 허리로 새하얀 모시 적삼을 입고 손을 휘저으며 소리 지르는 권 영감의 술주정이 어른거릴 것 같다. 손자를 사랑한다고. 지독히도 사랑한다고.

한 번의 효도

어제 늦게 들어온 아들을 불러 세웠다. 일찍 다니고 늦으면 연락하라는 말에 아들은 알아서 한다고 했다. 걱정 끼치지 않는 게 첫 번째고, 성공해서 기쁘게 해 주는 게 두 번째고, 물질적인 지원이 세 번째 효도라고 내가 생각하는 효도를 아들에게 말하고 싶었지만 꺼내지 못했다. 생각해 보니 나도 효도한 적이 없었기 때문이었다. 앞으로 미리 연락하겠다는 아들의 항복을 받았다. 마음속에 숨겨 둔 효도를 곱씹어 보니 몇 달 전 돌아가신 아버지가 떠올랐다.
"할마이! 삼용이 왔는데, 아는가?"
"봄이 오면 잔디를 다시 입혀야겠다. 잔디가 살았는지, 죽었는지."
아버지는 어머니 산소 봉분 아래로 내려앉은 흙을 손으로 꾹꾹 누르고 잔디를 툭툭 치시며 혼잣말을 했다. 3월 초라 날은 아직 쌀쌀하지만, 산소 옆은 조금 따뜻했다. 어머니가 돌아가신 지 넉 달, 아버지는 거의 매일 산소에 가신다고 영주에 사는 형님께 들었다. 금슬 좋기로 소문난 것도, 다정다감한 성격인 것도 아니고, 가끔은 싸우기도 했는데. 젊었을 때 불같은 성격이었지만 언제부터인가 아버지의 큰소리가 사그라지더니 부부 싸움도 없어졌다.
매일 산소에 가고 싶을까 생각했지만, 아버지와 단둘이 이틀 생활해 보니 조금은 알 것 같았다. 그것은 70년간 부부로 산 흔적이었다. 아버지는 지금까지도 혼자 어머니와 함께 살고 있었다. 집으로 돌아오는 마음이 무거웠다. 혼자 계실 아버지, 마당에서 차가 떠날 때까지 내려다

보고 계신 아버지, 밥맛이 없다고 좋아하지도 않는 라면을 두 끼나 드신 아버지, 돌아가신 어머니와 아직도 이야기하시는 아버지 때문이었다. 월요일이라 한산한 고속도로를 달리며 아버지에게 나는 어떤 아들일까 생각했다. 효자일까? 불효자일까? 주식으로 큰 손해를 봤을 때, 회사를 그만두었을 때, 두 번은 불효한 것 같다. 효도의 기억을 찾기엔 오랜 시간이 걸렸다. 그럼 불효자인가? 그래도 내가 생각한 효도, 한 번은 있다.

초등학교 4학년쯤이었다. 50대 초반인 아버지는 유난히 기침을 많이 했다. 메마른 겨울 아침이면 유독 그랬다. 집에는 기침에 좋다는 약재들이 처마에 주렁주렁 매달려 있었고 아버지도 수시로 뭔가를 가지고 오셨다. 그건 다 기침에 좋다는 또 다른 약재들이었다. 두더지, 지네, 굼벵이, 쑥, 지황, 도라지, 이름 모르는 버섯들.

겨울 방학 어느 날, 아침을 먹으면서 아버지는 미꾸라지가 기침에 좋다고 했다. 옆 동네 누가 미꾸라지를 먹고 나았다고 했고, 미꾸라지를 어찌어찌한다고 했지만, 자세한 기억은 없다. 그날 우리 삼 형제는 미꾸라지를 잡으러 갔다. 무슨 마음으로 갔던 걸까. 누가 시킨 것도 아닌데 효도하고 싶었을까? 기침이 걱정되었을까? 공부하기 싫어서, 아니면 겨울이라 놀 거리가 없어서였을까?

우리는 개울에도 얼지 않는 깊은 소에 갔다. 몇 번을 허탕치고 여기저기 옮겨 다녔다. 꽤나 넓은 소에 도착해 물속을 가만히 들여다보니 돌 밑에 나뭇가지처럼 마른 미꾸라지가 죽은 듯 아닌 듯, 도망갈 궁리를 하는지, 우리 형제의 고기 잡는 실력을 무시하는지, 뜬눈으로 아가미만 벌룽벌룽했다. 물이 맑아서 그런지, 추워서 그런지 미꾸라지는 한두 마리만 보였다. 두 번 정도 반두질을 하고 나왔다. 손이 시렸다. 아마도 장화를 신었는지 발이 시렸던 기억은 없다. 한나절을 이리저리 개울을 옮겨 다녔지만 보잘것없는 미꾸라지만 다섯 마리 정도 잡았다. 이 정도로는 아버지의 기침을 고칠 수 없다고 생각했다. 미꾸라지는 맑은 개울보다 진흙 바닥인 웅덩이에 많다는 이야기를 누군가에게 들었다.

다음 날, 고심 끝에 동네에서 게으르기로 소문난 농사꾼의 논으로 향했다. 양지바른 언덕 밑이라 따뜻했다. 여기면 덜 추울 것이라 미꾸라지를 잡을 수 있을 것 같았다.

오랫동안 돌보지 않아 나뭇잎과 잡초가 뒤섞여 어디가 논인지 분간이 어려운 웅덩이였다. 웅덩이가 작고 얕아 미꾸라지가 없을 거라고 구경 온 누군가가 훈수를 뒀지만 우리는 무시했다. 삽으로 흙을 퍼서 웅덩이 입구를 주변보다 높게 쌓고 논바닥에 수로를 만들었다. 주변에 쌓인 잡초 덩굴과 나뭇잎을 걷어 내 미꾸라지 잡을 준비를 마쳤다. 추체험이라 쉽게 어른들의 흉내를 냈다. 형과 나는 교대로 몇 번씩 양동이로 물을 푸다 말고 주머니 속, 겨드랑이 밑, 다리 사이에 손을 넣어 녹였다. 얼음물이라 손이 시려 감각도 무뎌지고 아팠다. 손에 묻은 진흙은 낙엽에 쓱, 쓱 문지르며 물을 퍼 올렸다.

오래 묵은 웅덩이라 양동이질 몇 번에 가끔 미꾸라지가 따라 나와 온몸을 비틀었다. 추워서일까, 어떤 놈은 진흙 속으로 파고들었고, 어떤 놈들은 불그스름한 배를 뒤집으며 시위했지만, 동생은 아랑곳하지 않고 잽싸게 양동이에 주워 담았다. 큰 놈, 작은 놈 남김없이. 물이 줄어들자 웅덩이 바닥에 미꾸라지들이 요동쳐 진흙이 일렁거렸다. 물을 퍼 올릴 때마다 진흙에 섞인 미꾸라지들이 꿈틀거렸다. 웅덩이 밑바닥이 드러

날 때쯤 동생은 일찍 잡힌 작은 놈들을 논바닥에 버렸다. 숨이 가빠 거품을 내뿜고, 도망가려고 점액을 뒤집어쓰고 서로 뒤엉켜 꿈틀거렸던 미꾸라지를 보며, 그때 우리 형제는 우리가 잡은 양동이 속 미꾸라지를 효도라고 생각했다.

아이들의 입을 통해 우리 삼 형제가 잡은 미꾸라지 소식이 온 동네에 퍼졌다. 아버지보다 기침이 심한 아랫집 심술궂은 아저씨 집에도 전해졌다. 비탈진 자기 밭 중턱에 있는 묘에 찾아오는 이가 뜸해지자 가장자리부터 야금야금 파헤쳐 기어이 묘를 없애 밭을 넓힌 아저씨. 그 아저씨의 두 아내는 며칠 전부터 여기저기 미꾸라지를 잡으러 다녔다. 어쩌면 아버지는 그 두 아내가 먼저 미꾸라지를 잡으러 다닌다는 소문을 들었을지도 모른다. 첫째 아내는 허리를 펴지 못해 길을 걸을 때 땅만 보고 걸었다. 젊은 날 소여물 주려다 소 뒷발에 차여 그때부터 그랬다고, 아이를 더 갖고 싶은 아저씨는 둘째 아내를 들였다고 언젠가 어머니에게 들었다. 둘째 아내는 아저씨의 바람대로 아들 둘에 딸 다섯을 낳았다. 두 아내도 우리가 미꾸라지를 잡은 그 웅덩이로 갔지만 많이 잡지 못하고 우리가 버린 작은 미꾸라지 몇 마리를 주웠을 뿐이라고 동네 아이들에게 들었다. 그 후 아저씨의 첫째 아내가 우리 집에 몇 번 찾아와 우리가 잡은 미꾸라지를 구경하고 갔다. 그 첫째 아내는 아버지와 먼 친척이라고 알고 있다.

우리가 잡은 그 많은 미꾸라지를 어떻게 했는지, 그 아저씨와 나누었는지, 기침 약재로 사용했는지, 닭이 먹었는지 기억이 없다. 그 미꾸라지가 아버지의 기침을 낫게 한 것인지, 아니면 병원 치료가 낫게 한 것인지 모르지만, 언제부터인가 아버지의 기침은 멎었다. 그때 아버지는 우리 삼 형제가 한 미꾸라지 잡이를 효도라고 생각했을까? 효도인지도 모른다. 그렇게 생각하고 싶다.

  내 마음 편하자고 하는 효도, 한 번 더 해야겠다. 더 늦기 전에.

마지막 채무

오늘은 어쩔 수 없이 자동차 대리점에 갔다. 지난 며칠간 승용차를 바꾸자는 아내의 말에 나는 속 시원히 대답하지 않았다. 급기야 아내는 자기 돈으로 자기가 바꿀 테니 아무 말 하지 말라고 통보했다. 마지못해 따라나섰다. 나도 내심 차 바꾸고 싶어 차를 몇 번이고 검색했었다.

대리점에 들어서자 아내가 사고 싶다고 몇 번을 말한 차가 눈에 들어왔다. 직원의 안내를 받아 차에 올라 실내 디자인 및 승차감을 느꼈다. 이 차 저 차를 몇 번 타고 내리기 반복했다. 아내의 얼굴은 즐거움으로 가득했고 들떠 보였다.

두 종의 차량을 골라 견적을 받았다. 이때만 해도 아내는 당장 계약할 기세였다. 나는 직원에게 말했다.

"조금 더 시간을 갖고 결정할게요."

"지금 계약해도 출고까지 두 달인데 왜 나중에 계약해?"

아내는 불만 가득한 말투와 눈빛으로 나를 노려보았다.

당황한 직원은 "결정되면 연락 주세요."라며 카탈로그와 견적서를 봉투에 담아 주었다.

집에 돌아와 나는 아내에게 6개월만 기다리자고 했다. 6개월 후에는 아내가 가지고 싶은 차로 계약하자고 약속했다. 마지못해 아내는 승낙했고 돈은 예금했다. 아내는 원하는 시기에 원하는 차를 사고 싶어 했지만 내가 연기한 이유는 아들 때문이었다. 아들은 올봄부터 부쩍 결혼

이야기를 자주 했다. 결혼한 친구의 이야기, 회사 동료의 결혼식 이야기였다. 친구 누구는 이번에 결혼했는데 아직 백수라 부모님이 비용 전체를 지원했다는 이야기도 있었다. 결혼 이야기 속에는 부모의 지원이 항상 따라다녔다.

구체적인 결혼 계획은 없지만 언제부터인가 아들은 결혼 비용을 얼마나 지원해 줄 수 있는지 물어보곤 했다. 내가 부담을 느낄 때쯤이면 "농담이에요."라며 둘러댔다. 하지만 분명 농담은 아니었다. 가끔 아들은 "임대한 아파트에 내가 살면 안 돼요?"라고 물었다. 나는 그건 노후 준비라고 대답했지만 아들은 몇 번을 거듭 물었다. 아들은 "제가 월세 드리면 되잖아요."라고도 했지만 나는 그렇게 하라고 한 번도 대답하지 않았다. 마음만은 아들의 요구를 따르고 싶다.

얼마 전 아들은 부모의 생일을 잊어버렸다. 말은 안 했지만 내심 서운했다. '아들 키우면 남의 자식 된다.'라는 당연한 말을 아내가 했다. 애초부터 노후를 아들에게 의지할 생각은 없었다. 아들 결혼할 때 어디까지, 얼마만큼 지원해야 할까 몇 번 고민했다. 친구들과의 대화에서도 자녀 결혼 때 얼마나 지원해야 하는지가 자주 등장한다. 나는 능력 이상은 지원할 수 없다고 마음먹었다. 아내에게 내 뜻을 말하자 아내도 그렇게 하자고 했다. 아들을 도와주고 싶지만 노후를 생각하면 아들의 농담 속 요구에 선뜻 대답하지 못하는 마음이 그리 편치 않다. 내 부모님도 그랬을까?

고향에는 아흔이 넘도록 농사짓던 부모님이 계셨다. 마음만은 고향에 자주 가고 싶었지만 핑계를 앞세우며 그러지 못했다. 효자로 소문난 큰형님이 옆에서 돌보고 있어서 책임과 부담을 느끼지 못하고 살았다.

고향에 갔던 어느 날이었다. 아마도 내가 쉰을 조금 넘었을 때였다. 저녁을 먹고 아버지가 우리 부부를 부르셨다. 나와 아내는 설거지를 끝내고 과일을 준비해 아버지 앞에 다소곳이 앉았다. 아버지는 살아온 세월만큼이나 골이 깊게 파인 손으로 우체국 마크가 찍힌 누런 봉투를 내미셨다. 분명 돈 봉투로 보였다. 다른 아들은 모두 공무원이라 걱정이 없는데 셋째인 내가 제일 걱정이라고 말씀하셨다. 부모님께 걱정을 끼치는 자식이라고 생각하니 아무 말도 할 수 없었다. 마음이 아프고 슬펐다.

아버지는 3년 전부터 다리에 기력이 떨어져 발을 디디고 싶은 데를 딛기 어렵다고, 동네에 나보다 나이 든 남정네는 이제 아무도 없고 아랫마을 7촌 기철이네 아주머니도 요양원에 간 지 3년이 됐다고 하시며 나이 들면 누구나 요양원에 가야 한다고 말씀하셨다. 자식들 애 안 먹이려면 요양원 가는 게 맞다고 하셨다. 부모가 요양원에 가면 자식들이 비용을 나누어 부담하는데 농사짓는 기철이가 힘들어한다고 하셨다. 아버지는 "내가 요양원에 가면 아들들이 다 똑같이 비용을 부담해야 하는데 네가 제일 걱정이다."라고 말씀하셨다.

요양원이라는 말을 들으니 슬픈 영상이 떠올랐다. 언제, 어디서 본 영상인지 정확하게 기억나지 않지만 텔레비전에서 본 것은 분명했다. 어느 조그마한 섬에 노인들만 보였다. 아마도 열 가구가 채 못 되는 동네에 젊은 사람은 없었다.

"할머니, 섬을 떠나고 싶지 않았어요?"

화면 뒤에서 누군가가 물었다.

"처음 섬에 시집와서부터 평생을 떠나고 싶었지."

이렇게 대답한 할머니가 내일 이 섬을 떠나 육지에 있는 요양원을 간다는 소식을 듣고 동네 노인들이 할머니 집으로 찾아왔다. 동네 노인들은 요양원으로 떠나는 할머니에게 축하한다고 아무도 말하지 않았다. 모두들 서운해했다. 동네 노인들도, 요양원으로 가는 할머니도 마지막이라는 것을 알기 때문이었다. 평생 섬을 떠나고 싶었지만 내일 떠나면 살아서 다시는 돌아오지 못한다는 것이 너무 슬펐다.

할머니는 타야 할 배를 앞에 두고 몇 번이고 뒤돌아보며 힘든 발걸음을 겨우 옮겼다. 뱃고동 소리, 섬마을 어귀에서 배웅하는 10여 명의 동네 노인들과 떠나는 할머니의 모습이 오랫동안 기억에 남아 있었다.

아버지는 봉투를 주며 당부하셨다.

"다른 형제들에게 절대 말하지 말고, 내가 죽으면 쓰되 죽기 전에는 절대 쓰지 마라."

이렇게 아흔을 바라보는 아버지가 중년의 아들에게 마지막 채무를 이행하셨다. 아내는 아버지의 말에 눈물을 흘리며 말씀드렸다.

"그런 말씀 마시고 아버님 쓰세요."

자리를 뜨고 다른 방으로 돌아와 봉투를 확인한 아내의 표정은 전과 사뭇 달랐다. 집에 돌아온 아내는 '아버님 요양원' 이름의 통장을 만들고 기뻐했다. 얼마 후 아내는 제수씨와 통화하면서 아버지의 당부가 노파심임을 알게 되었다. 제수씨가 받은 돈은 우리보다 5백만 원이 더 많았다. 아버지 당부를 무시하고 제수씨가 자랑하는 통에 알게 되었다. 아내는 제수씨에게 얼마를 받았는지 말하지 않았다고 했다. 다른 형제들은 얼마를 받았는지 알 수 없었다. 다들 아버지의 당부를 잘 지켰기 때문이었다.

돌이켜 보면 회사를 그만두었을 때, 아들 유학 갈 때, 큰아들 대학 갈 때, 그러고도 몇 번 더 아버지는 수시로 채무를 이행하셨다. 얼마를 받아 언제 어디에 썼는지 기억은 없다. 그렇다고 먼저 요청한 적은 한 번도 없었다. 분명히 아버지는 늘 채무자이셨다. 나는 아직 아들에게 채무가 남아 있다. 아들에게 주는 돈은 아깝지 않다. 그렇다고 아들이 원하는 만큼 줄 수는 없다. 아흔의 아버지는 자식에게 돈을 줄 때 망설이지 않았을까? 그때가 마지막 채무라고 생각하셨을까? 아버지는 어떤 심정이셨을까? 가끔 생각해 본다.

부모가 자식에게 베푸는 것을 당연하다고 생각한다. 부모의 생각일까? 자식의 생각일까? 부모의 생각이었으면 좋겠다.

승용차 구입을 미루자고 아내와 약속한 6개월이 다음 달로 가까워졌다. 나는 여러 번 고민 끝에 이번에는 아내의 의견을 따르기로 마음먹었다.

혼자 노는 아이

아침부터 쉴 새 없이 내리는 비로 베란다 바닥이 흥건해졌다. 지금까지 이런 일은 없었다. 물이 새어 들어오는 틈새가 어딘지 알 수 없어 먼저 바닥을 물기 없이 닦았다. 시간을 두고 지켜볼 요량으로 의자에 앉아 창밖 풍경을 무심하게 바라보았다. 커피 한 잔을 다 비워 갈 때쯤 놀이터, 아니 아파트 광장에 대여섯 살 되어 보이는 한 아이가 보였다. 주변에 부모도, 형제도, 친구도 보이지 않았다. 혼자였다. 어린 시절 소낙비 내리던 여름이면 가끔 친구들과 비닐 포대를 말아 전쟁놀이했던 재미를 알기에 아이를 보는 순간, 비 맞으며 놀면 재미있겠네, 말을 내뱉었다. 아이는 파란색과 옥색의 중간쯤 되는 엷은 소라색 우의를 입고 칠부바지에 검은색 신을 신었다. 붉은색과 회색 보도블록이 번갈아 깔려 있는 광장은 아파트 단지에서 가장 넓어 아이들의 놀이터가 되기도 하고 수요일마다 장터가 열리기도 한다.

어린 시절 고향에도 늘 혼자 노는 아이가 있었다. 두 살 위인 아이는 형 친구지만 나는 한 번도 형이라 부르지도, 대우하지도 않았다. 그 아이보다 어린 우리 동네 아이들 모두 그랬다. 그 아이 집은 우리 동네에서 제일 부자였다. 그 아이 가방에는 항상 빵이 있어서 우리는 그 빵을 자주 얻어먹었다. 그 아이는 우리에게 그냥 빵을 주는 법은 없었다. 뭔가를 요구하고 채워지면 그때 주었다. 가방을 들어 주거나 같이 놀아 줄 때였다.

그 아이의 아버지를 오래 보진 못했다. 언제 죽었는지 모르지만, 산신령 같은 할아버지로 기억하고 있다. 짧은 백발에 양손엔 매일 지팡이를 짚었고 하얀 모시 적삼을 입고 다니면서 동네 어른 누구에게도 존댓말을 쓰지 않았다. 그 아이 어머니는 처음 마을에 왔을 때부터 안방에서 마당을 내려다보듯 동네 사람들을 대했다고 동네 어른들이 말했다. 동네 아이들도 그 아이의 어머니를 오랫동안 무서운 사람으로 알고 있었다. 한 번도 다정하게 말하는 것을 보지 못해서 그랬다. 그 아이와 비슷한 나이 또래 애들은 모두 혼이 난 적이 있었다. 나도 그랬다. 그 아이는 후처에게서 얻은 자식이라 귀하게 여겨 어른들도 먹기 어려운 보약을 많이 먹어 다른 아이들과 조금 다르다고 동네 어른들이 말하곤 했다.

동네 어른들은 그 아이를 잘 대해 주었다. 그 아이 아버지에게 잘못 보이면 농사지을 도지를 얻을 수 없었기 때문이었다. 동네 아이들은 그러지 않았다. 술래잡기나 숨바꼭질할 때면 언제나 술래를 시키고, 편 갈라 놀 때면 티가 나게 서로 다른 편으로 미뤘다. 같이 놀다가 따라오지 못하면 골탕 먹이거나 놀리기도 했다. 그 아이는 언제부터인가 동네에서 보이지 않았다. 동네가 아닌 집에서 혼자 놀았다. 동네 아이들에게 같이 사이좋게 놀아 주길 부탁하고 기대했지만 동네 아이들과 어울리지 못했고, 어쩌다 같이 놀 때면 놀림감이 되어 울고 들어오는 아이를 보고 속상한 그 아이 어머니가 언제부턴가는 혼자 놀게 했다. 어쩌면 그 아이 어머니는 그때부터 동네 아이들에게 사나워졌는지 모른다.

초등학교를 졸업하고 그 아이는 좋은 교육을 받기 위해 도시에 사는 큰형 집으로 갔다. 2년 후 그 아이가 마을로 다시 돌아와 1년 늦게 중학생이 되었다. 그때 마주한 아이는 어른만큼 큰 덩치로 상대방 눈보다 더 높은 곳을 쳐다보며 대화했고 별일 아닌데 히죽히죽 웃으며 그전보다 모자람이 더 심했다. 그 아이는 도시에서 중학교를 얼마 다니지 못하고 양아치들에게 잡혀 노숙 생활, 껌팔이 생활을 했다. 그런 아이를 경찰을 동원해 몇 달 며칠을 찾아다녀 어렵게 데리고 왔다는 것이다. 도시에 계속 살면 그 아이에게 큰일이 생길까 싶어 다시 마을로 돌아왔다는 소문이 동네에 파다했다. 어떤 어른은 그 아이와 큰형의 어머니가 서로 달라 처음부터 큰형이 제대로 돌보지 않았을 거라고 흉보기도 했다. 돌아온 후 중학교에 처음 가던 날 우리에게 잘 부탁한다며 어색한 웃음을 짓던 그 아이 어머니의 모습이 그 집을 지날 때면 가끔 떠오르곤 했다.

그 아이는 어른이 되어 한때 결혼도 했지만 얼마 지나지 않아 이혼했다. 이혼 내막을 자세히 아는 동네 사람은 아무도 없었다. 그 아이 어머니는, 언제부터인지는 알 수 없지만 죽기 전까지 동네 사람들에게 잘했다고 들었다. 아들이 동네 사람들과 잘 어울리기를 바랐던 그 아이 어머니는 성격까지 바꿨지만 여전히 그 아이는 혼자 살고 또 혼자 놀고 있다. 지금까지.

어른이 되어 그 아이를 다시 만났을 때, 나는 문득 어릴 때 괴롭혔던 기억이 떠올랐다. 그때의 잘못으로 혹시나 내게 해코지하지나 않을까 걱정한 적도 있었다. 1년에 한두 번 정도 보지만 만날 때마다 그 아이는 알아듣기 힘든 말과 어설픈 동작으로 언제나 먼저 반갑게 인사를 한다. 그럴 때마다 나는 조금은 미안한 마음이 들었으나 아직 그 마음을 한 번도 전해 본 적이 없다. 악수 한 번 없이 그냥 가볍게 귀찮은 듯 손만 흔들었다.

아이는 혼자 뛰기도 하고, 발로 물장구도 치고, 물 고인 자리에서 폴짝 뛰기도 하고, 힘껏 달리다 쉬기를 반복하기도 했다. 혼자라 심심한지 손바닥으로 물을 내리치기도 했다. 아이는 아파트 건물 사이로 순간적으로 사라졌다 나타나기를 반복하며 놀고 있었다. 가끔은 우의 모자를 벗고 내리는 비를 그대로 맞기도 하고 바닥에 앉기도 했다. 아이는 한참을 그렇게 놀았다. 순간, 저 아이가 놀고 싶다고 떼를 썼을까? 이렇게 비가 많이 오는데 밖에서 놀라고 허락하는 부모는 어떤 사람일까. 저렇게 놀면 아이의 감성과 창의성에 도움이 되어 허락했을까. 비를 맞으며 노는 재미를 부모가 알아서일까. 혹시 부모가 집에 없는 틈을 타 혼자 나온 걸까. 이런저런 생각을 하는 동안에도 아이는 여전히 혼자 놀고 있었다.

  나는 한참을 혼자 노는 아이를 바라보다 베란다로 물이 스며드는 틈새 찾기를 잊어버린 채 거실로 들어왔다. 지금 혼자 노는 아이가 어릴 적 시골의 그 아이와 다르길, 밖에서 혼자 노는 아이의 부모가 시골의 그 아이 부모와 다르길 바라 본다. 다음에 시골에서 그 아이를 만나면 먼저 인사라도 해야겠다고 잠깐 생각했다. 언제 행동으로 옮길지는 모르겠다.

단 한 번

"아부지, 사랑합니더."

조그마한 핸드폰 화면 속 아버지의 모습은 3개월 전과는 많이 달랐다. 머리를 완전히 깎아 영화에서나 볼 듯한 모습이었다. 지금까지 이런 아버지 모습은 처음이었다. 아버지의 눈은 뜬 것도 아니고 감은 것도 아니었으며 초점이 없었다. 입은 조금 벌리고 있지만 미동도 없었다. 살아 있음을 느끼지 못했다.

형수님이 휴대폰을 입에 더 가까이 대고 소리쳤다.

"한 번 더 크게 하이소!"

"아부지요, 사랑합니더."

순간 휴대폰 영상은 초점 없이 흔들리고 알아볼 수 없는 물체들만 흐릿하게 비쳤다. 아내와 나는 휴대폰 화면을 계속 응시했지만 아버지의 얼굴을 다시 볼 수 없었다. 꺼지지 않은 휴대폰을 통해 요양병원 간호사들의 웅성거리는 소리와, 아버지를 부르는 형제들의 목소리가 계속 들려왔다. 휴대폰은 잠시 천장을 비추더니 곧 꺼졌다. 임종하시기 5시간 전에 영상 통화로 본 아버지의 마지막 모습이었다.

2018년 11월 7일 여든아홉의 어머니가 돌아가시고 아버지는 급격히 쇠약해졌다. 하루에 두 번 또는 한 번씩, 하루도 빠짐없이 어머니 산소를 찾아갔던 아버지는 5개월 전 병원에 입원하셨다. 한동안 코로나19가 극성을 부려 면회가 금지되었다. 얼마 남지 않았음을 직감했다. 취업 준비로 바쁘다는 아들을 데리고 병원으로 갔다. 서울·경기 지방에 코로나19가 심각해 병원 관계자가 면회를 허락하지 않았다. 나는 멀리서 왔다며 한 번만, 잠깐만 아버지 얼굴만 보자고 몇 번을 부탁한 끝에 간신히 허락을 받았다. 병원 1층에는 관계자만 보였다. 일반 면회자는 없었다. 나와 아들은 1층 긴 복도를 지나 2층으로 올라갔다. 복도 옆 병실을 지날 때 환자들의 알아듣기 힘든 소리가 들렸다. 아니 외침 같기도 했다. 같은 말을 계속 반복하는 환자, 눈이 마주치자 들어오라고 손짓하는 환자, 병실 입구에 나와서 지나가는 나를 빤히 쳐다보며 웃는 환자. 아마도 오랫동안 입원 생활을 해 왔거나 치매 환자로 보였다. 병원 냄새와 오래 입원한 환자에게서 나는 냄새는 아버지가 있는 병실에 도착했을 때 사라졌다.

병실에 들어서자 환자복을 입은 아버지가 침대에 앉아 있었다. 아버지의 모습이 낯설었다. 환자로 만난 건 처음이었다. 염색했던 까만 머리카락은 온통 하얗게 변했고 한 달 전보다 부쩍 마른 얼굴을 보니 코끝이 찡하고 가슴속에서 격한 감정이 솟아올랐지만 눈물을 꾹 참았다. 가까이 다가가니 머리카락 사이로 듬성듬성 두피가 드러났다. 가볍게 인사하고 아버지의 손을 잡았다.

"아버지, 얘 누군지 아세요?"

"알지, 내가 손주도 모를까 봐."

당당하게 말씀하셨다.

"점심 드셨어요?"

"응, 나는 먹었지. 근데 일꾼들이 밥을 아직 못 먹었다. 빨리 일꾼들 밥 주라고 해라. 할 일이 많은데…."

아버지는 손을 휘저으며 말씀하셨다. 아버지는 40년 전을 살고 계셨다. 주변에 일꾼은 없었다. 입원 환자 두 분만이 아무런 표정 없이 초점 잃은 눈으로 우릴 쳐다볼 뿐이었다.

'점심을 일찍 드셨구나.' 생각하고 평소에 잘 드시던 요거트를 떠 드렸다. 몇 숟갈 드시고는 입을 여셨다.

"큰아들은 회사 갔냐? 내가 여기 있는지 아냐?"

매일 두 번 면회 오는 큰형님을 계속 찾았다. 형님은 정년퇴직한 지 7년도 넘었다. 잠시 후 점심이 배달됐다. 아버지는 또 일꾼들 밥을 챙겼다. 조그마한 종지에 담긴 죽조차 다 못 드시고 눕혀 달라고 하셨다. '이제 주무시려나?' 생각하던 차에 손을 당기라는 손짓에 다시 앉혀 드렸다. 이참에 이발시켜 드려야겠다고 마음먹었다.

"아버지, 이발하시죠."

"이발사 왔냐?"

나를 쳐다보며 빙긋 웃으셨다.

"제가 해 드릴게요."

형님이 미리 챙겨 준 보자기를 아버지 목에 두르고 가위로 앞머리부터 자르기 시작했다. 옆머리를 자를 때 또 가슴이 아파 왔다. 속이 훤히 들여다보이는 두피에는 각질이 앉았고 목덜미는 검붉은 색으로 변해 있었다. 오래 계시기 힘들 것 같아 보였다. 위아래, 옆머리를 손 닿는 대로 듬성듬성 잘랐다. 어설픈 이발을 마치고 머리카락을 털고 물수건으로 세수시켜 드렸다. 옆에 있던 아들은 이내 지겨운 듯 연신 휴대폰만 보고 있었다. 병실을 나올 때까지만 해도 그게 아버지를 뵙는 마지막이라고 생각하지는 않았다. 하지만 마음은 무거웠다.

그로부터 5일 후 아버지를 요양병원으로 옮겼다. 입원 첫날 식사를 안 하신다고 연락을 받았다. 아마 긴장해서 그럴 수도 있다는 요양병원 관계자의 말에 방법을 물었다. 환자용 영양식과 영양제 투약을 권하는 간호사의 권유에 큰형님은 크게 자책과 낙심을 반복했다.

"아무래도 아버지가 속상하신 것 같다. 우리가 아버지를 버렸다고 생각할 거야. 병실에 혼자 가셨으니. 면회도 안 되고 할 수 있는 게 아무것도 없는데, 큰일이다."

형님과 누님들이 저마다 말했다. 이후 코로나19로 더는 아버지를 뵐 수 없었다.

그로부터 3개월 후, 남은 시간이 없다고 판단한 의사는 일부 자식들의 마지막 면회를 허락했다. 나는 화상 통화만 할 수 있었다. 아흔세 살의 아버지는 마지막 면회에서 자식들을 알아보지 못하셨다. 면회를 마치고 5시간 후 2020년 6월 29일 새벽에 아버지는 세상을 뜨셨고 우리는 장례 절차에 들어갔다.

장례를 마치고 나서 우리 형제들은 면회를 못 한 아픈 가슴을 코로나19 탓으로 돌리며 스스로를 위로했다. 홀로 계셨던 아버지의 마지막 모습을 가슴에 묻었다. 이번 휴가 땐 아버지 살아 계실 때 단 한 번 했던 "사랑합니다."를 산소에서라도 많이 해야겠다고 마음먹어 본다.

어린 날의 봉사

우리 초등학교는 논과 밭으로 둘러싸여 있었다. 고개를 조금만 들어 올리면 사방에 높은 산이 보였다. 교문 앞에는 뿌연 흙먼지를 일으키며 버스가 달리는, 면 소재지에서 가장 넓은 신작로가 있고, 신작로 너머에는 개울이 있었는데 여름철 장마 때면 큰물이 흘렀다.

지금도 가끔씩 학교 다닐 때 웃지 못할 일들이 생각나곤 한다. 특별하지만 내겐 특별하지 않은 일들이었다.

따스한 봄이 되면 선생님은 어김없이 때 검사를 했다. 겨우내 묵혀 두었던 때를 씻으러 우리를 시냇가로 데리고 갔다. 너나 할 것 없이 모두 갔다. 여자들은 윗물에서, 남자들은 아랫물에서 씻었다. 요즘 초등학교들은 상상도 못 할 일이 벌어졌던 것이다.

초등학교 4학년 때, 1반부터 시작해 6학년 3반까지 돌아가며 반복적으로 벽돌을 만들었다. 1학기 내내 그랬다. 인부들이 황토를 트럭에 싣고 와 교실 뒤 작은 운동장에 쌓았고 긴 볏짚을 작두로 잘라 한 무더기를 만들었다. 볏짚을 황토 무더기에 골고루 뿌린 다음 물을 넣고 지근지근 밟았다. 물과 황토와 볏짚이 골고루 섞이면 인부들의 역할은 끝났다. 이제부터 우리의 일이 시작됐다.

선생님은 남학생들만 나눠 조를 짠 다음 수업이 시작되면 한 조씩 번

갈아 운동장으로 내보냈다. 아마도 여섯 명이 한 조였던 것 같다. 벽돌 틀에 황토를 퍼 넣는 두 명, 벽돌 틀을 눌러 찍어 내는 두 명, 찍어 놓은 벽돌이 잘 마르도록 옮기는 두 명인 듯했다. 한 시간에 몇 개의 벽돌을 찍었는지, 얼마나 힘이 들었는지 기억은 없다.

두 명이 먼저 쇠로 된 벽돌 틀에 삽으로 황토를 넣고 뚜껑을 덮고 나면 덩치 큰 친구 두 명이 벽돌 틀에 연결된 쇠 파이프를 잡아당겼다. 허리춤까지 힘껏 당긴 다음 몸무게를 이용해 쇠 파이프 손잡이에 올라타 눌렀다. 황토가 네모반듯하고 홈 없이 매끈한 벽돌 모양이 되도록 힘을 가하기 위해서였다. 황토가 벽돌 모양으로 만들어지면 두 명의 친구는 양지바른 곳으로 끌고 가 한 개의 벽돌을 완성했다. 그렇게 한 학기 내내 우리는 벽돌을 찍었다. 그 벽돌은 그해 가을에 선생님들의 사택 3채로 변했다.

학교 뒤편에 작은 축사가 있었다. 축사에는 새까만 염소 두 마리를 기르고 있었다. 우리의 교육용으로 염소를 길렀는지는 알 수 없지만 염소에 대해 배운 기억과 얻은 지식은 없었다. 5학년 남학생들이 염소 돌보기를 담당했다. 1반부터 시작해 3반까지 2인 1조로 '염소 당번'을 운영했다.

염소 당번은 등교하자마자 가방을 책상에 두고 염소 축사로 향했다. 염소가 잘 있는지 확인하고 목줄을 풀어 각 한 마리씩 밖으로 끌고 나왔다. 염소가 나오기 싫어 버티면 있는 힘을 다해 축사 밖으로 끌어냈다. 이때 힘이 필요하기에 남학생들만 염소 당번을 한 것 같다. 염소 당번은 염소를 끌고 뒷산으로 가 풀이 많은 곳을 찾아 나뭇가지에 염소를 매어 놓고 교실로 되돌아왔다. 가끔은 잠시 산에서 놀다 수업 시간 늦게 교실로 돌아올 때도 있었다. 염소 당번은 늦게 들어와도 선생님은 뭐라 말하지 않았다.

수업이 끝나면 염소 당번은 산에서 저녁에 먹을 풀을 베어 염소를 끌고 내려와 축사에 매어 놓은 후 선생님께 보고하고 귀가했다.

여름 방학에도 염소 당번은 하루 학교에 가 염소를 돌봤다. 풀이 없는 겨울에 염소에게 먹일 건초를 비닐 포대 한가득 학교에 가지고 가는 여름 방학 숙제도 있었다. 주로 말린 아카시아잎과 질경이를 가지고 갔다. 가을이면 덩치 커진 숫염소 뿔을 양손에 잡고 등에 올라타기도 했다. 겨울 방학이 지나면 우리가 키운 어미 염소는 사라지고 작은 새끼 염소가 또 축사를 지키고 있었다. 그때부터 새로운 5학년이 염소 당번을 했다.

4학년부터 6학년까지 봄에는 모내기를 했다. 유난히 봄 가뭄이 심해 늦도록 모내기를 못 한 논이 많을 때면 모내기를 더 많이 했다. 어른들은 아무리 늦어도 하지 전에 모내기를 해야 수확을 할 수 있다고 했다. 학교에 등교하면 선생님을 따라 도시락만 들고 학교 밖으로 나섰다. 주로 신작로에서 가까운 논으로 갔다. 오전에 시작해 중간에 각자 싸 온 도시락으로 점심을 먹고 오후 늦게까지 모내기를 했다.

논에 도착하면 바지를 걷어 올리고 못줄을 따라 한 줄로 서서 모내기를 시작했다. 모내기를 가르치거나 배울 필요는 없었다. 집에서 하던 일상이었다. 가끔은 새참으로 빵과 사이다를 사 주는 주인도 있었고 국수를 삶아 주는 주인도 있었다. 새참으로 빵을 먹는 날은 더 그랬지만 교실에서 공부하는 것보다 모내기하는 게 더 즐거웠다.

우리가 모내기한 논 주인이 누구인지, 왜 그 논에 모내기했는지 몰랐다. 선생님이 논 주인에게 모내기해 주겠다고 말했는지, 면사무소에서 요청이 와 우리가 모내기에 동원됐는지 알 수 없었다. 우리가 모내기할 때 선생님은 누군가와 막걸리를 마시곤 했다. 가끔은 모내기가 끝나기도 전에 선생님이 술에 취한 적도 있었다. 우리의 모내기는 일주일 정도 계속되었다. 그땐 우리 집 모내기도 한창 바빴을 것이다.

6학년 가을에는 두 가지 일이 있었다. 은행 털기와 물고기 잡기였다. 교실 앞에는 2층 교실보다 높은 은행나무 두 그루가 있었다. 한 그루는 열매 없는 수나무, 다른 한 그루는 열매가 가득 달린 암나무였다. 가을이 깊어지면 은행이 하나둘씩 떨어졌다. 시간이 지나면 교실 주변에 냄새가 날 정도로 많이 떨어졌다. 은행을 밟은 신발로 교실에 들어오면 친구들은 코를 막았다. 이때쯤이면 은행을 털었다.

먼저 시작한 반 친구들은 은행을 털고 다음 반 친구들은 은행을 주웠다. 은행을 터는 반은 쉽다. 나무를 잘 타는 두세 명이면 충분했고 자원하는 친구들도 많았다. 구린내를 맡으며 은행을 줍는 반 친구들은 싫어했다. 장갑이 없어 나뭇가지로 젓가락을 만들어 주웠다. 두 가마니 정도 주웠다. 우리가 수확한 은행이 어디로 갔는지, 어떻게 처리됐는지 아는 친구들은 아무도 없었다.

가을이 더 깊어져 벼 베기 할 때면 물고기를 잡았다. 학교 운동장 옆에 조그마한 논이 있었다. 우리는 학교 사택에 사는 교장 선생님 논이라고 알고 있었다. 그 논에 물을 대는 연못이 있었다.

1반 남학생들은 연못의 물을 퍼내기 시작했다. 양동이와 대야로 물을 펐다. 연못 바닥이 보일 때까지 돌아가며 쉴 새 없이 물을 펐다. 아마도 한 반 학생들이 한 시간 정도 물을 퍼내면 바닥이 보였던 것 같다. 2반 친구들은 바닥에 남은 물과 진흙을 퍼냈다. 이때부터 물고기가 모습을 드러냈다. 미꾸라지, 붕어, 잉어가 주로 잡혔다. 잡은 물고기를 양동이에 담았다. 연못 바닥에서 올라온 진흙에 섞인 물고기를 잡고 물에 쓸려 논으로 들어간 물고기도 잡으면 2반의 임무는 끝났다. 3반 친구들은 논에 들어가 혹시 모를 도망가 숨어 있는 물고기를 잡았다.

물고기 잡기에 동원된 친구들은 옷에 진흙이 묻어도 아무도 짜증 내거나 걱정하지 않았다. 수업이 끝난 저학년들은 물고기 잡는 형들을 구경하러 모여들기도 했다. 매년 물고기는 두세 양동이 잡혔지만 물고기의 행방을 한동안 알지 못했다.

학년이 올라가며 친구들은 하나둘 도시로 전학 가기 시작했다. 도시에 갈 곳이 없고 오롯이 논밭을 믿고 사는 가정들만 시골을 지켰다. 졸업할 때쯤에는 한 학급 정도의 친구들이 도시로 떠났다. 하지만 그곳에는 1970년대 우리만의 '학교 추억'이 깃들어 있다. 운동장에서 풀 뽑고, 나무 심고, 도랑 치는 일들을 흔하게 했다. 그때의 일들을 사역, 부역이라 말하고 싶지 않다. 그렇게 생각하면 억울하고 마음 아플 것 같다. 우리는 그냥 '어린 날의 봉사'라고 말한다. 마음 편하고 재미있어서 그렇다.

할머니의 고추

"저 할머니 봐, 뭐 하는 거지?"

아내가 손가락으로 어딘가를 가리켰다. 나는 아내가 가리키는 쪽으로 고개를 돌렸다. 어떤 할머니가 아파트 화단에서 라일락 가지를 잡았다. 할머니는 굽은 허리를 비스듬히 펴고 두 손으로 우악스럽게 라일락 가지를 꺾고 있었다. 분명 라일락은 꽃망울이 풍성하게 맺혔을 것이다. 며칠 전부터 화단을 지날 때 눈여겨보며 피기만을 기다렸다.

"왜 저러지? 라일락이 뭐라고 할머니에게 욕이라도 했나?"

할머니는 꺾은 라일락 가지를 바닥에 버리고 발로 툭툭 치우고는 꾸부정한 허리에 뒷짐을 지고 아파트 안으로 들어갔다. 작년 가을 아파트 놀이터에 널어놓은 고추에 먼지 쌓인다고 아이들을 뛰지 못하게 야단쳤던 그 할머니, 아파트 단지에 달린 감을 따지 말라는 경비 아저씨에게 욕을 하던 그 할머니, 부녀회를 빙자해 아파트 단지 밖에서도 젓갈 장사를 못 하게 했던 할머니가 혹시 이 할머니가 아닐까?

아내는 내게 저 할머니 왜 그랬을까? 물었다. 나는 짐작할 수 있을 것 같았다.

며칠 뒤 나는 그 할머니가 생각나 앞 동 아파트 화단으로 갔다. 화단 구석에는 할머니 손에 부러진 커다란 라일락 가지가 버려져 있었다. 이파리는 시들고 엷은 보라색 꽃망울은 축 늘어지고 쪼그라들어 눈여겨보아야 볼 수 있었다. 라일락 꽃향기가 얼마나 좋은데, 큰 가지 두 개면 아파트가 며칠 동안 향기로울 텐데, 분명 할머니 욕심 때문일 거라 짐작됐다. 며칠 후면 필 라일락인데 아쉬웠다.
 버려진 라일락 가지 옆, 양지바른 곳에 고추 세 포기와 가지 두 포기가 자라고 있는 게 눈에 띄었다. 그래, 할머니가 까닭 없이 라일락 가지를 꺾은 건 아니었어. 아마도 할머니는 며칠을 벼르고 별러 라일락을 꺾었을 거야. 할머니 욕심이었어. 고추와 가지는 아직 심은 지 얼마 되지 않았는지 작고 여렸다. 고추와 가지는 할머니에게 어떤 의미일까, 할머니는 고추와 가지를 못 살 정도로 궁핍할까. 화초와 나무들 사이에 버젓이 자리 잡고 있는 고추와 가지에서 어릴 적 옆집 할머니가 떠올랐다.

 어릴 적 우리 옆집에 키가 작고 얼굴엔 주름이 가득한 할머니가 살고 있었다. 입꼬리가 한쪽으로 기운 비대칭 얼굴을 썰룩거릴 때마다 할머니는 귀한 금니를 자랑하기도 했다. 그 할머니는 아주 드세고 억셌다. 동네 아주머니나 할머니, 누구와도 싸웠고, 특히 할머니와 며느리가 싸우는 날이면 어른 아이 할 것 없이 모두들 구경 가기도 했다. 며느리와 심하게 몸싸움을 벌이면 며느리는 어김없이 큰딸을 앞세우고 쌍둥이 아들을 업고 우리 집 마당을 지나 어디론간 떠나기도 했다. 그러면 동네에는 며느리가 또 집을 나갔다는 소문이 돌았다. 며칠 지나면 언제나 그랬듯이 할머니와 며느리는 같이 일을 했다.
 그 할머니는 누구라도 자기 땅을 조금이라도 밟으면 참지 못했다. 우리 집과 할머니 집 사이에 할머니의 고추밭이 있었다. 가끔은 어머니와 할머니가 말싸움을 했다. 우리 집 감나무 그늘 때문에 할머니 고추나무가 잘 자라지 못하고 고추 색이 잘나지 않는다고 감나무를 베라고 했다. 몇 년째 이어지는 싸움이라 할머니 밭 쪽으로 뻗은 감나무 가지는 이미 베어져 있었다. 가을에 감을 따면 할머니와 나누었지만, 싸움은 가을까지 몇 번씩 치르는 의식이 되었다. 열린 감의 숫자보다 목소리의 크기와 의식의 횟수가 할머니의 몫을 결정한다는 걸 할머니는 알고 있는 것 같았다. 화가 난 아버지는 감나무를 베어 버리려고 했지만, 그때마다 어머니가 말렸다. 애들 먹을 감은 있어야지, 하루 이틀도 아닌데 뭘 마음에 두냐고 했다.

그해는 유난히 싸움이 잦았다. 어느 날 아침, 옆집 할머니와 어머니의 시끄러운 말다툼 소리가 유난히 크게 들렸다. 고춧값이 유난히 비싸 그런지 할머니가 새벽에 낫으로 우리 집 감나무 기둥 여러 군데를 찍어 놓았다. 어머니는 할머니에게 거세게 항의하고 욕도 했지만 아무 소용이 없었다. 그날 이후 감나무는 갈수록 생기를 잃어 낙엽을 떨구고 급기야 익지도 않은 감을 떨어뜨리기 시작했다.

얼마 후 동네에서는 할머니가 노망났다는 소문이 돌았다. 그 소문을 믿지 않는 사람이 더 많았다. 원래 할머니는 이유 없이 욕도 자주 했고 과한 행동도 서슴지 않은 터라 이상할 게 없었기 때문이었다. 그날 이후 우리 집 감나무는 시들어 갔지만, 할머니는 나날이 거칠어졌다. 그러다 동네에서 할머니를 더는 볼 수 없었고 할머니의 욕도 들을 수 없었다. 할머니의 흔적은 동네에서 서서히 사라져 갔다.

할머니 집은 우리 동네에서 부자였다. 동네 사람들은 "부자가 더 무서워." "죽을 때 얼마나 가져가려고 저럴까?" 하고 자주 흉을 보기도 했다. 몇 달 후 우리 집 감나무는 생을 마감했다. 요양원에 갔던 옆집 할머니가 몇 년 후 집이 아닌 뒷산으로 돌아왔을 때 동네 사람들은 할머니가 불쌍하다고 했다. 그해 죽은 우리 집 감나무 뿌리엔 고욤나무가 자라고 있지만, 옆집 할머니는 아직 뒷산에서 내려오지 않았다. 옆집 할머니가 치매가 아니었다면 어땠을까. 끝까지 억척스럽게 살다 갔을까. 치매가 마지막을 억척스럽게 만들었을까. 억척스러워 치매가 왔을까? 알 수는 없다.

지난해 돌아가신 어머니와 옆집 할머니는 만났을까?

여름 폭우가 아파트 화단에 심어 놓은 할머니의 고추와 가지를 수장시켜 버렸다.

내년에도 할머니는 고추와 가지를 또 심을까?

그래도 화단의 라일락은 꺾지 않았으면 좋겠다.

코끝에 스며들어 깊은 속까지 파고들며 기분 좋게 하는 라일락 향기가 좋아서!

주먹밥

"올해는 쑥떡 하러 언제 가?"

"날짜 정해지면 미리 알려 줘."

아내가 매년 봄이면 내게 하는 말이다.

4월 말이 되면 '언제가 좋을까?'라고 휴대폰 단체 대화방에 뜬다. 각자 가능한 날짜를 입력한다. 그리고 매년 5월이면 일명 '쑥떡 주간'을 알리는 문자가 날아온다. 올해는 5월 둘째 주로 정해졌다. 작년에는 셋째 주였다.

"뭐 먹고 싶어?"

누나들이 카톡에 올렸다.

"닭개장."

"만두."

"메밀묵."

각자 대답했다.

"뭐 사 가면 돼?"

누군가가 물었다.

"그냥 오면 돼."

각자 필요하다고 생각하는 것을 가지고 왔다.

누나들은 쑥떡 하는 날이 정해지면 일주일 정도 시골집에 머물렀다. 일하고 있는 동생들은 편한 날짜를 정해 짧게는 이틀, 길게는 사흘씩 함께한다. 나는 목요일 오후에 시골집에 도착했다. 빨리 가고 싶었지만 업무 처리상 어쩔 수 없었다. 시골집에 도착하자 형제들은 윷놀이를 하고 있었다. 누나는 어릴 적에 먹던 김치만두를 쪄 주었다. 잠시 후 어제 누나들이 만들어 놓은 쑥떡을 콩가루에 묻혀 주었다. 누나들은 이틀 전부터 쑥을 뜯었다. 내일 아침부터 형제들이 할 일은 누나들이 이미 정해 두었다. 형제들은 저녁이 되면 동네를 산책하고 어김없이 화투를 치며 놀았다. 매년 그랬다.

다음 날 아침 형제들 모두 쑥을 뜯으러 출동했다. 올해는 여섯 명이 갔다. 지난해는 일곱 명이 갔다. 매년 하는 행사라 어디에 쑥이 많은지 알기 때문에 다른 의견 없이 곧바로 갔다. 한 시간 정도 쑥을 뜯었다. 작년보다 더 많이 뜯었다. 잠시 들판에 둘러앉아 출발할 때 가지고 온 만두에 누가 사 왔는지 모르는 홍삼진액, 칡즙을 새참으로 나누어 먹었다.

우리가 뜯은 쑥을 한곳에 모아 놓고 이번에는 산으로 향했다. 산나물을 뜯을 차례였다. 고향이라 어느 산에 산나물이 많이 나는 걸 알고 있어 거침없이 산에 올랐다. 고개를 숙이고 산나물을 찾아다니다 보니 어느새 형제들은 사방으로 뿔뿔이 흩어졌다. 누구와 경쟁하는 것도, 산나물을 어디에 팔 것도 아니지만 모두들 쉼 없이 뜯고 이리저리 옮겨 다녔다.

가끔은 나이 든 누나들이 걱정되어 어디에 있는지를 확인했다. 시골에서 나고 자라서 그런지 일흔에 가까운 누나들은 산사람처럼 산을 누비며 산나물을 뜯었다. 한 시간 정도 뜯으면 각자의 보자기에 가득 찼다. 누가 내려가자고 말하면 아쉬움에 뒤를 돌아보고 산을 내려오면서도 산나물을 찾았다. 다 같이 산에서 내려와 쑥과 산나물을 담은 보자기를 둘러메고 집으로 왔다.

쑥을 고르고 다듬어 물에 몇 번을 씻었다. 가마솥에 삶았다. 아침에 뜯은 쑥만 네 번 삶아 물에 헹궈 김치통에 가득 담아 방앗간으로 쑥떡을 하러 보냈다.

오후에 다 같이 부모님 산소로 갔다. 산소에 인사드리고 돗자리를 펴고 둘러앉았다. 막걸리 잔을 돌리며 준비해 온 화투를 쳤다. '부모님 산소에서 떠들고 화투 치면 부모님이 심심해하시지 않겠지.' 하는 마음에 가끔 그렇게 했다. 돈을 잃어도 괜찮은 화투판이었다. 화투 치는 중에 누나들은 저녁에 뭘 먹고 싶은지를 또 물었다. 형제들이 모이면 습관처럼 물었다. 대부분 어릴 적에 먹고 자란 메뉴들이었다.

저녁 메뉴를 정하고자 형제들 각자 제일 맛있었던 기억을 말하기로 했다. 닭개장이 제일 많이 나왔다. 아버지는 매년 이른 봄이면 열 마리 정도의 병아리를 사 오셨다. 그리고 넉 달이 지난 6월부터 한 달에 한두 마리씩 잡아먹었다. 그래서 우리 형제들이 닭개장을 좋아하는 것 같다. 내가 기억하는 제일 맛있었던 건 주먹밥이다.

학생 때 소풍은 매번 농사철에 갔다. 봄 소풍은 모내기로 바빴고, 가을 소풍은 추수로 바빴다. 농사철이라 시골 아이들의 소풍은 특별하지 않았다. 평소와 다른 도시락, 조금 특별한 옷, 그리고 용돈까지. 이래저래 평상시와 달라야 하는 소풍이 어쩌면 어른들에겐 불편했을지도 모른다. 봄 소풍 땐 들판에서 쉽게 구할 수 있는 쑥떡과 음료수, 가을 소풍 때엔 사과, 감, 밤, 그리고 고구마와 음료수를 가지고 갔다. 그리고 약간의 용돈. 소풍날 특별한 건 가게에서 파는 음료수를 먹을 수 있다는 것이다.

초등학교 5학년 가을 소풍날이었다. 평소 소풍과는 달리 나도 읍내 아이들처럼 김밥을 가지고 가고 싶었다. 며칠 전부터 어머니에게 김밥을 싸 달라고 몇 번을 이야기했다. 그때마다 어머니는 확답이 아닌 수긍만 했다. 찬장에 김이 있으니 은근히 기대하고 있었다. 소풍날 아침 어머니는 유난히 분주해 보였다. 이렇게 바쁜 건 분명 내 김밥을 싸기 때문일 거라 생각했다.

아침에 집을 나설 때 어머니는 김밥이 아닌 주먹밥을 내밀었다. 미안한 눈치였다. 도시락이 아닌 보자기에 담아서.

"김밥을 못 쌌어. 먹기 편하게 주먹밥을 만들었으니 맛있을 거야."

보기 싫었다. 소풍 가기도 싫었다. 작년 소풍에도 김밥이 아니었다. 하지만 어쩔 수 없어 시큰둥하게 보자기를 받아 들었다. 보자기와 함께 주시는 용돈도 달갑지 않았다.

'집에 김도 있던데 김밥 좀 싸지. 다른 애들은 김밥 싸 올 텐데. 애들 보기 창피하게. 그냥 버릴까?'

화나고 속상한 마음에 어머니를 원망하며 학교로 갔다. 많이 걸어 산에 오르자 일찍 배가 고파 왔다. 점심시간에 친구들과 어울려 먹기 싫었다. 분명 읍내 사는 친구들은 김밥을 싸 오고, 평소에 먹지 못한 맛있는 반찬도 싸 왔을 텐데. 바리바리 물건들을 지고 따라온 학교 앞 매점 아저씨에게 아침에 받은 돈으로 빵 한 개와 과자를 사 먹었다. 음료수도 사 마셨다. 하지만 배를 넉넉히 채울 수는 없었다. 점심시간에 주먹밥을 먹지 않았다. 그 대신 점심시간도 되기 전에 먼저 도시락을 까먹은 친구들과 실컷 놀았다. 소풍이 끝날 때쯤 배가 고프기 시작했다. 집엔 어제나 그제처럼 밥이 전부라 기대 없이 집으로 향했다. 어머니가 아침에 싸 준 주먹밥을 그대로 든 채.

집에 도착하자마자 부엌 찬장을 열었다. 역시나 군침이 돌게 하는 반찬은 없었다. 어제 본 김치 나물들만 그릇에 담겨 있었다. 아침에 주먹밥을 싸고 남은 재료들도 보였다. 볶은 멸치를 먹었다. 평소에 먹던 멸치볶음이 아니었다. 군침이 돌아 보기도 싫었던 주먹밥 보자기를 풀었다. 반찬 물이 배어 보자기는 여기저기 불긋불긋 시뻘겋게 멍들어 보였다.

주먹밥은 일그러져 밥인지 떡인지 죽인지 쓰레기인지, 무엇으로도 구분하기 어려운 형체로 변해 있었다. 한 숟갈을 입에 넣었다. 너무 맛있었다. 주먹밥을 크게 한 입 떠 씹으니 멸치 맛, 참기름 맛, 깨소금 맛, 김 맛, 계란 맛, 김치 맛이 하나씩 살아나 어우러졌다. 처음 느끼는 맛, 알 수 없는 맛들이 모인 특별한 맛이라 쉬지 않고 먹었다.

이렇게 맛있는 주먹밥을 창피하게 여겨 친구들 앞에 보이기 싫어 먹지 못한 걸 후회했다. 주먹밥을 싹싹 긁어 남김없이 먹었다. 배도 불렀다. 보자기는 부엌 처마에 휙 던졌다. 저녁에 집에 돌아오신 어머니는 주먹밥을 남김없이 다 먹은 걸 보고 기뻐하셨다. 점심때 먹었을 것으로 생각하셨겠지.

나는 형제들에게 주먹밥 이야기를 하지 않았다. 미안하고 아무도 모르기 때문이었다. 그날의 주먹밥은 어머니의 걱정과 정성과 사랑이었다. 이제 더는 어머니의 주먹밥을 먹을 수 없다.

내년 쑥떡 주간에는 주먹밥을 주문해야겠다.

3장

이런 일도 다 있네

외상 장례식이라고

한 달간 지방에서 일하고 돌아온 날 집에는 아이들만 있었다. 아내는 이웃집에 갔다고 했다. 한참을 기다려도 아내가 오지 않아 이상한 느낌에 핸드폰으로 전화를 걸었지만 받지 않았다. 때가 되면 오겠지. 기다려 보자. 그러나 저녁이 되어도 밤이 되어도 아내는 오지 않았다. 아이들에게 몇 번을 물어봐도 같은 대답만 반복했다. 아이들과 대충 저녁을 먹고 피곤함에 쓰러져 잤다.

다음 날 아침 아내는 없었다. 아이들이 누군가와 통화를 했다. 이상한 생각이 들면서 의심이 가기 시작했다. 곧 아이들은 간단하게 책가방만 챙겨 밖으로 나갔다. 어디 가냐고 물으니 친구 집에 간다고 했다. 두 아이가 같이 친구 집에 간다고? 아이들을 붙잡지 않고 미행하기 시작했다. 아이들은 골목에서 나와 큰길 사거리를 지나 계속 걸어갔다. 이렇게 멀리에 친구가 있을까 의심스러웠다. 한참을 가던 아이들이 육교를 끼고 골목으로 들어갔다. 그러면서도 계속 어딘가와 통화를 하고 있었다. 이대로 아이들을 놓치면 영영 못 만날 것 같은 불안감에 쫓아가 붙잡았다. 몇 번의 다그침 끝에 들려온 대답은 충격적이었다. 아이들은 엄마를 만나러 가는 길이라고 했다. 그 길로 아이들을 따라가 아내를 붙잡았다. 하지만 아내의 말을 듣고는 발걸음을 돌릴 수밖에 없었다. 아내는 더는 못 살겠다고, 전세금과 아이들을 챙겨 집을 나갔다고 했다. 그렇게 된 사연이라고, 이 과장이 말했다.

"박 사장, 이 과장 부친 문상 언제 갈 거야?"

"글쎄요, 아직 시간은…. 형님은 언제 가실 건데요?"

"난 4시경에 갔다 일찍 오려고."

"예, 그럼 같이 가시죠."

"4시 반에 병원 앞에서 보자고."

이렇게 퇴사한 지 5년이 지난 이 과장의 부친상에 갔다. 우리를 본 이 과장은 민망할 정도로 반가워하며 어머니에게 우리를 인사시켰다. 우린 상투적인 장례식장의 예를 갖추었다. 조금 지나자 이 과장은 조카들까지 인사를 시켰다. 주변을 둘러보니 회사 동료는 우리뿐이었다. "빈 자리가 많네요. 다들 다녀갔겠죠?"라는 나의 말에 "글쎄, 이 과장이 평소에 좀 그랬지…."라고 같이 간 형님이 대답했다.

며칠 후 이 과장이 전화를 했다. 아버지 장례에 조문 와서 고맙다고, 사무실이 어디냐고 물었다. 왜 찾아올까? 고맙다고 선물이라도 주려는 걸까? 생각해 사무실 위치를 알려 주었다. 다음 날 이 과장은 사무실을 찾아와 아내가 아이들을 데리고 집을 나간 이야기를 했다. 가끔 죽을상으로 담배를 피웠다. 담배 연기는 검게 그을린 얼굴을 타고 올라 마주 보고 있는 나의 온몸을 휘감으며 좁은 회의실로 퍼졌다. 다가오는 담배 연기를 손으로 휘젓는 나의 행동에도 아랑곳하지 않았다. 찔끔찔끔 커피를 마시며 탁자 위에 놓인 종이컵에 재를 털었다. 가끔 웃을 땐 쓸쓸해 보였고 눈물을 보일 땐 나도 조금씩 그의 감정에 빠져들었다. 아버지 장례를 외상으로 했단다. 지난달 일한 품삯이 며칠 후면 나온다고, 병원엔 이번 주까지 장례비를 갚기로 했다며 오백만 원만 빌려 달라고 했다. 형님과 둘이서 장례비를 구하는 중이고 무슨 일이 있어도 편의를 봐준 병원 담당자에게 피해를 주어선 안 된다고 했다. 빌려주고 싶은 마음이 없었다. 그는 계속 내게 사정을 했다. 오랜만에 만나 계속 거절하기도 어려워졌다. 결국 어쩔 수 없는 상황이 되어 삼백만 원을 빌려주었다. 그는 연신 고맙다며, 은혜는 절대 잊지 않겠다고 몇 번이나 인사했다, 다음 달에 꼭 갚겠다고, 확실하게 갚겠다고 했다.

한 달 후 입금이 되지 않아 연락했다. 몇 번을 시도했지만 통화가 되지 않았다. 그렇게 전화를 걸어도 불통이었고 문자를 보내도 답은 없었다. 불안하고 괘씸한 마음에 화가 났다. 때로는 심한 내용의 문자를 썼다가 혹시나 이 과장이 기분 나빠서 돈을 안 갚으면 어쩌나 싶은 마음에 좋은 문장으로 고쳐 쓰기도 했다. 그래도 답은 없었다.

얼마 후 초등학교 친구 모친상에서 나는 이과장의 외상 장례 이야기를 했다. 내 이야기가 끝나기도 전에 친구들은 앞다투어 나에게 말했다.
"미친놈."
"외상 장례식이라고…?"
"외상 장례가 어디 있어?"
"외상으로는 절대 장례를 치를 수 없다고!"
"그건 사기야."
"우리나라 병원이 그렇게 인심 좋은 줄 아냐?"
함께 있던 친구들은 계획적인 사기라고 결론지었다. 사기라고 생각하는 순간 나는 화나고 분했다. 그 돈은 필요할 때 쓰라고 주신 늙은 어머니의 쌈짓돈이었다. 받았을 때 주식을 살까, 예금할까, 아내에게 줄까 고민하다가 어머니 말에 따라 비상금으로 가지고 있기로 했었다. 가끔 나는 사기는 아니겠지, 때가 되면 연락 오겠지, 스스로를 위안하고 희망을 품었지만 다른 회사 동료들의 말을 듣고 허사임을 깨달았다. 그가 옛 동료에게 내게 했던 것과 똑같은 이야기로 여러 번 접근했지만 당한 이는 없었다는 말을 모임에서 들었다. 그것도 몇 번을. 나는 이 과장에게 사기 당했다는 이야기를 아무에게도 하지 않았다.

6개월 지난 어떤 날, 이 과장으로부터 문자가 왔다. 장인의 부고였다. 이혼 안 했네, 그럼 그때 나에게 했던 아내와의 이야기가 다 거짓말이었네. 사람이 어찌 이리도 뻔뻔할까. 돌이켜 생각하니 같이 근무할 때 부하 직원들에게 빌린 돈을 갚지 않아 문제가 된 적이 있었다. 그때 내가 조사를 담당하고 경고까지 했었는데. 어떻게 내가….

처음엔 이 과장에게, 나중에는 나에게 화가 났다. 같이 근무를 했기 때문에 이 과장의 행동과 평판을 보고 들어서 잘 알고 있었는데, 어찌 이리도 어리석지?

오지랖이 남긴 후유증이었다. 남들은 가지 않은 장례식장에 왜 갔을까. 아니, 장례식장에만 가지 돈은 왜 빌려주었을까. 없다고 하면 그만인 걸, 거절도 못 하고…. 후회가 됐다.

한편으론 얼마나 급했으면 아버지 장례로 나에게 사기를 칠까. 정말 어려웠겠지. 혹시 알아? 먼 훗날 몇 배로 갚을지…. 쓰라림을 줄이기 위해 내 스스로를 달래 봤지만 아직까지 연락은 없다. 이 과장을 완전히 용서하기엔 시간이 더 필요하다. 외상 장례에 대한 기억은 점점 엷어진다.

오늘처럼 장례식장에 가면 떠오른다.

사라진 돈은 잊을 수 있지만 나쁜 기억은 아직도 진행형이다. 언젠가는 연락 오겠지 하는 희망도 그렇다.

그때도 할아버지와 동업할까?

햇볕이 따스한 4월의 어느 날 아침, 굴삭기가 요란한 소리를 내며 여린 농작물들을 산산이 흩어 버렸다. 나의 텃밭도 공허했다. 소농인 내가 이런데 대농은 오죽했을까?

머지않아 수확하겠지, 기대가 현실이 되어 가던 날, 들판에는 사람들이 이리저리 옮겨 다니거나 여기저기 모여 있기도 했다. 텃밭을 경작하는 도시 농부들이다. 어떤 이는 소리 지르며 굴삭기 진입을 막았지만 굴삭기의 방향을 바꾸지 못했고 악다구니 쓰며 막아섰던 할머니도 굴삭기를 이길 수 없었다. 굴삭기에 대한 저항은 밭의 크기에 비례했다. 나는 그저 바라만 보고 있었다. 그렇게 나의, 우리의 텃밭은 순식간에 흔적도 없이 사라졌다. 황량한 들판만 남았다. 할아버지와 동업도, 두 달 농부도 끝났다.

나는 지난 두 달간 아내와 아들과 같이 텃밭의 구역을 나누어 상추, 토마토, 옥수수, 쑥갓, 치커리, 고구마, 호박, 고추, 가지를 얼마나 심을지 정했고 급한 마음과 욕심에 일찍 모종 시장에 가기도 했다. "아직 기다려야 해요, 너무 빨라요, 서리 오면 큰일 나요. 2주 후에나 오세요."라는 가게 주인의 말에 그냥 돌아오기도 했다.

텃밭을 경작하는 도시 농부들과 씨앗을 나누기도 하고 가끔은 이 땅에는 무엇이 잘 자란다는 귀동냥도 하며 도시 농부로 한 발 더 나아갔다. 인근에서 텃밭을 경작하는 아저씨가 준, 살짝 얼어 쪼글쪼글한 감자 씨를 싹이 날까 의심하며 심었고 밭 가장자리에 구덩이를 파고 할아버지가 준 대나무 졸대로 돔을 만들고 비닐도 씌워 호박씨를 심었다. 인터넷으로 채소별 심는 시기와 관리 방법을 배우기도 했다. 봄에 심는 채소라도 심는 시기는 조금씩 달라 몇 종류는 적어 두었다. 아내가 꼭 심어야 한다는 방울토마토와 오이는 몇 번이고 더 확인했다. 나의 욕심이 텃밭에 심을 농작물 종류를 나날이 늘려 갔다. 어떻게 키우는지, 어떻게 먹는지도 모르면서.

아지랑이가 살랑살랑 피어오르던 3월 도시 농부들은 분주했다. 휴일 아침 아파트에서 농부들을 내려다보다 문득 나도 텃밭을 가꿔 보고 싶은 마음이 들었다. 농부들은 작년에 사용한 비닐을 걷고 잡풀 덩이를 밭 가장자리에 모으고 있었다. 언뜻 보기에 전문 농사꾼만이 할 수 있는 반듯한 큰 밭, 농작물이 뿌리 내리기도 위태로운 비탈진 밭, 밭과 밭 사이를 비집고 들어선 길쭉한 둑 같은 밭도 있었다. 몇 년 전부터 농사를 지었을까, 얼마 전 이사 온 아파트 옆에 그럴듯하게 만들어진 밭엔 시골보다 더 많은 농부들이 보였다.

나는 텃밭을 구해 볼까 싶어 이리저리 다녔지만 밭마다 경계가 만들어져 있었고 주인 없는 땅은 보이지 않았다. 포기하고 돌아서려 할 때 어떤 할아버지가 밭을 찾고 있냐고, 힘에 부쳐 밭을 줄일 생각이라 조금 나누어 주시겠다고 했다. 할아버지는 텃밭 터줏대감처럼 보였다. 나는 기분이 좋아 여러 번 감사 인사를 전하고 집으로 가 흙이 묻어도 되는 옷으로 갈아입고 할아버지를 찾아갔다.

할아버지는 작년에 농사를 짓기 위해 땅을 고르고 나무뿌리도 캐냈다고 하면서 8만 원을 요구했다. 생각지 못했던 8만 원에 살짝 기분 상했지만 빈 땅도 없고 할아버지의 농기구를 이용할 수 있다는 말에 그래도 괜찮다고 생각했다. 그렇게 나는 할아버지로부터 텃밭의 권리를 1년간 빌렸다.

할아버지는 내 텃밭의 경계를 표시하며 젊은 사람이 경작하기는 밭이 좁으니 더 넓히라고 했다. 내가 임차한 밭은 비탈져 가로 세로 어디로 고랑을 만들어야 할지, 여름철 장마엔 어떻게 견딜지, 응달이라 열매는 맺을 수 있을지 조금은 걱정스러웠다. 할아버지 천막으로 따라가자 각종 농기구와 씨앗, 물조리개, 간이 의자, 비닐, 대나무 졸대 등 농사에 필요한 게 다 보였다.

할아버지에게 괭이를 빌려 빌린 텃밭 가장자리에 박혀 있는 나무뿌리를 걷어 냈고 비닐과 쓰레기도 치웠다. 할아버지도 도와주었지만 자그마한 키에 한쪽 다리가 불편해, 당신 말씀대로 농사가 힘에 부쳐 보였다. 싫다고 하는 아들을 불러내어 하루 동안 땅을 넓히고 돌도 줍고 경계도 만들어 8고랑을 내 텃밭으로 만들었다. 고마운 마음에 아내가 가져온 음료수와 간식을 할아버지께 드렸다. 할아버지와 서로 연락처를 주고받고 늦은 오후에 첫날 농사를 마무리했다.

얼마 후 할아버지는 앞으로 계속 필요하니 간단한 농기구를 사라고 하셨다. 가을까지 할 생각에 할아버지에게 농기구를 계속 빌리는 것보다 낫겠다 싶어 오일장에 가서 괭이, 호미, 삽을 샀다. 혹시 있을지 모를 모종을 둘러보았다. 시장에 모종은 없었다.

농기구 사던 날 주차 위반으로 범칙금 통지서를 덤으로 받았다.

다음 날 할아버지는 "비료를 쳐야 한다. 이번 주에 비료 치고 다음 주에 비닐을 덮자."라고 하셨다. 할아버지는 퇴비 비료와 화학비료의 종류와 양을 적어 주셨다. 돌아오는 토요일에 같이 농협에 가기로 했으나 당일 할아버지는 갑자기 일이 생겨 나 혼자 비료를 사 왔다. 내 비료만 샀다.

할아버지는 비료를 어떻게 뿌려야 하는지 양은 얼마나 뿌리는지를 가르쳐 주며 같이 뿌리자고 하셨다. 집에서 가져온 못 쓰는 바가지에 비료를 담아 할아버지가 가르쳐 주는 대로 밭에 뿌렸다. 얼마 지나지 않아 다 뿌렸다. 비료는 너무 많이 남았다. 더 뿌리고 싶었지만 할아버지가 말리셨다.

"비료를 너무 많이 뿌리면 모종이 죽어. 비료가 독해서 조금 뿌리고 모종이 자리 잡으면 그때 또 뿌려."

듣고 보니 그런 것 같았다. 내 작은 텃밭에 뿌린 양보다 많이 남은 비료는 할아버지가 천막으로 옮겼다. 할아버지는 평일 시간 날 때 비료를 뿌리겠다고 하셨다.

다음은 비닐을 덮을 차례라고 할아버지가 말했다. 할아버지는 차가 없으니 내 차로 비닐 사러 가자고 하셨지만, 그날 할아버지는 또 일이 생겼고 나는 내 비닐만 사 왔다. 내 밭에 덮고 남은 비닐은 이번에도 할아버지 밭으로 갔다. 할아버지 밭을 다 덮고도 비닐은 남았다. 나중에 알았다. 할아버지가 비료와 비닐을 사지 않은 이유를, 어쩌면 내 순진한 믿음 때문일지도 모른다. 어차피 내 텃밭이 작아 남은 비료와 비닐이라 생각했지만 개운치 않았다. 내가 산 비료와 비닐은 할아버지 밭으로 더 많이 갔기 때문이었다. 이렇게 점점 나도 어설픈 도시 농부가 되어 갔다.

텃밭에 처음 발을 들였을 때 "개인 소유지이니 경작을 금합니다."라는 안내판을 보았다. 안내판에는 농작물을 책임지지 않는다는 붉은색 문구도 분명히 있었다. 이를 무시한 할아버지와 난 이렇게 일 년에 지을 농사를 4월에 다 지었다. 더는 필요 없는 내 농기구를 또 할아버지가 가져갔다. 땅이 없어 어디에 쓰실지 모르지만.

텃밭은 임대해 준 할아버지가 주인일까? 임차한 내가 주인일까? 텃밭을 갈아엎은 굴삭기 기사가 주인일까? 주인은 아무도 없었다. 모두가 주인 행세 할 뿐이었다. 내년에는 제대로 된 도시 농부가 되어 볼까 싶다. 그럼 안전한 땅부터 구하고 비료와 비닐을 사야겠다. 그때도 할아버지와 동업할까? 그건 고민해 봐야겠다.

못생기고 살찐 지렁이

방으로 들어갔다. 붉은색 계열의 희미한 전등이 켜져 있었다. 방에는 세 개의 침대가 나란히 있었고, 침대 뒤 벽면은 열대 지방에서 자라는 넝쿨을 연상케 하는 나무줄기가 천장까지 구불구불 뻗어 있었다. 친구들과 나는 각자 침대로 다가가 바구니에 담겨 있는 옷으로 갈아입었다. 친구들은 편안하게 벌렁 드러누웠다.

'어떻게 말하지? 말을 모르는데….'

잠시 고민했다. 아가씨 세 명이 방으로 들어오며 누군가가 희미한 불을 더 어둡게 조정했다. 각자 한 명씩 우리에게로 다가왔다. 내 앞에 선 아가씨가 배시시 웃으며 누우라고 손짓했다. 나는 잠시 머뭇거리다 아가씨의 손을 잡았다. 아가씨 손을 내 왼쪽 어깨 뒤 날갯죽지로 잡아끌었다.

매일 병원에 가는 건 기분 좋은 일이 아니었다. 의사가 진료하며 하는 말에 우울해지기도 하고, 하루 세 번씩 먹는 약도 매일 맞는 주사도 그랬다. 상처 부위가 여전히 근질거리고 아파 어쩔 수 없다는 건 알지만 그만 가고 싶었다. 오늘도 무표정하게 아무 말 없는 간호사에게 주사를 맞았다. 3주 동안 매일 얼굴을 봤으면 무슨 말이라도 한마디 할 만한데 아직 한마디도 없었다. 인사도 없었다.

"왜 이제 왔어요? 칠십 먹은 시골 할아버지도 아닌, 알 만한 사람이…."

쯔쯔 하며 의사가 혀를 찼다.

이 병원에서 처음 치료를 받을 때였다. 집에서 임시로 붙인 거즈와 반창고를 의사가 뜯어 버리는 순간 온몸은 정지됐고 찌릿한 전율이 흘러 아무런 반응을 보일 수 없었다. 나는 상처 부위가 아파 팔을 하늘 위로 휘저었다. 상처 부위를 알코올로 소독할 때는 누군가 바늘로 사정없이 빠른 속도로 찌르는 듯 아팠다. 서둘러 병원에 올 수 없었던 이유를 설명하기 싫어 아무 대꾸도 하지 않았다. 아버지 장례라 어쩔 수 없었다.

"지금부터 최소 3주간은 병원에 매일 오셔야 해요."

그로부터 하루도 빠짐없이 치료를 받았다.

치료 이틀째였다.

"이런 사람은 학회에 보고해야 해. 10년에 한 번 나올까 말까 해."

의사의 핀잔에 아무런 대꾸 없이 치료받고 주사 맞고 나왔다.

다음 날에도 나이 든 의사는 반응 없는 나를 향해 또 말했다.

"이 정도면 3도 화상이야. 잘못되면 피부 이식 수술도 해야 돼."

의사의 핀잔은 그러고도 계속되었다. 어쩌면 의사의 방백일지도 모른다.

3주가 지났지만, 상처 가장자리는 조금 아물었고 중심부는 진물이 흘러 거즈를 붙여야 했다. 집에서 소독할 때마다 짜증이 밀려오고 거즈를 떼어 낼 때마다 화가 불끈불끈 치솟지만 불편함과 고통에 어느덧 적응하고 있었다.

무리한 헬스로 왼쪽 어깨 밑 날갯죽지가 시큰거린 지 한 달 정도 지났지만, 병원 치료를 받을 정도는 아니라고 생각해 그냥 미적거렸다. 아내에게 며칠 동안 파스를 붙여 달라고 했다. 처음에는 걱정하며 파스를 붙이던 아내는 시간이 갈수록 귀찮은 듯 말없이 붙였다. 파스 붙인 지 일주일쯤 지났을 때 아내는 부항기와 뜸을 사 왔다. 친구 중 누가 이렇게 해 엄청난 효과를 봤다고, 동영상에 사용법이 잘 나와 있다고, 기훈이네는 부부가 서로 부항과 뜸을 떠 아픈 곳이 없다고 했다. 아내는 나를 눕혀 놓고 여기저기를 누르며 아픈 곳을 찾기 시작했다. 내 생각과 의견은 관심 밖이었다.

"아니, 아픈 데 없는데?"

나는 실험용이 되기 싫어 방어했지만, 아내는 막무가내로 덤벼들었다. 끝까지 거부하면 어떤 상황이 올지 알기 때문에 어쩔 수 없이 아내의 말을 따라 시키는 자세로 누웠다. 압축기가 살을 빨아들이자 피부 표면이 아팠다. 참을 수 있을 정도라서 처음 아내와 약속한 세 개보다 더 많이 압축기를 붙여도 가만히 있었다. 시간이 지나자 아내는 피부 상태, 색깔을 설명하며 동영상에서 배운 의학적 지식으로 완치할 수 있다는 희망을 주입했다. 압축기를 떼어 내고 바늘로 찌르기 시작했고 부황을 떴다. 부항을 뜰 때만 해도 참을 수 있었다. 부항이 끝나자 아내는 뜸을 준비했다.

왼쪽 어깨 밑 날갯죽지에 뜸 세 개를 붙이던 아내가 "확실하게 효과 보려면 몇 개 더 하자."라는 말끝에 내 허락 없이 여섯 개를 올렸다. 시간이 지나며 찐한 쑥 냄새가 베란다를 가득 메웠고 연기가 자욱하게 피어올랐다. 아내는 "잠깐만 기다려." 하고 세수하러 욕실로 갔다. 시간이 지나자 뜨거운 기운이 살 속 깊숙이 파고들었다. 날갯죽지에 붙은 불똥이 떨어질까 봐 움직이지도 못했다. 살이 타는 아픔이었다. 그냥 참았다. 달리 방법이 없었다.

욕실에서 돌아온 아내는 허둥지둥 몸에 붙은 뜸을 떼어 내며 물색없는 소리만 했다.

"불량인가? 어느 정도 타면 꺼져야 하는데. 뜨거우면 나를 부르지!"

시뻘게진 상처 부위를 보고 아내는 짐짓 놀랐는지 냉찜질을 했다. 그 후로 나는 어깨 밑 날갯죽지에 못생기고 살찐 지렁이를 달고 살게 되었다.

나는 동남아 여행을 가서 안마를 받을 때면 으레 안마사의 손을 내 상처 부위에 가져다 댄다. 그러고는 "노 마사지! 오케이?"라고 말한다. 마사지사가 "오케이."라고 대답하거나 고개를 끄덕이면 안심하고 자리에 눕는다. 상처 부위가 아파서 안마를 받을 수 없기 때문이다.

상처 부위를 보지 못한 친구들이 물었다.

"거기는 왜 마사지 안 받는데?"

나는 대답했다.

"못생기고 살찐 지렁이가 붙어 있어."

'못생기고 살찐 지렁이'는 동네 샤워장에서 자주 만나는 선배가 흉터를 보고 붙여 준 이름이었다. 못생기고 살찐 지렁이를 붙이고 산 지 벌써 5년이 지났다. 그날을 끝으로 아내의 형편없는 의학적 지식은 사라졌다. 더는 내게 뜸을 뜨지도 않았다.

상처를 처음 본 친구들이 흉터의 연유를 물어보면 나는 이렇게 대답한다.

"내가 도망가면 찾으려고 아내가 표시해 둔 거야."

어쩌면 사실일지도 모른다. 그렇게 믿고 싶다.

오늘만큼은 그렇다

　분명 죽은 사람의 발이었다. 병원 냄새보다도, 인상 쓴 다른 환자들의 얼굴보다도 먼저 그때의 발이 떠오른다. 어떻게 죽었을까? 나이는 어떻게 될까? 언제 죽었을까? 그의 죽음에 대한 궁금증이 이 병원 회전문처럼 계속 돌고 돈다. 내 기억에서 사라졌던 그 발이 어느 날 기억으로 다시 떠오른다.

　세상이 빙빙 돈다. 어지러움이나 현기증이란 단어로 도저히 표현하기 어려울 정도로 세상이 돌고 돈다. 눈조차 뜨기 어려운 몸을 겨우 긴 벤치에 의지했다. 나는 의자에 앉을 수도 누울 수도 없었다. 아무것도 할 수 없었다. 긴 벤치에 기대앉아서 실눈으로 아내를 찾았다. 아내도 이리저리 왔다 갔다 정신없어 보였다. 온 힘을 다해 벤치 끝을 잡고 기다린 지 얼마나 지났을까, 진료 접수가 되어 신경외과 대기실로 이동했다. 주변엔 온통 불안, 고통, 초조, 걱정을 새긴 사람들 얼굴만 보였다. 내가 제일 아프다.
　의사의 진료가 이어지는 동안 나는 식은땀만 흘렸다. 의사는 뇌경색, 뇌출혈, 뇌종양 등 섬뜩한 단어들만 늘어놓았다. CT, MRI, 혈액 검사 등 한 번도 해 보지 않은 검사들이 나열된 진료 기록서를 받아 들고 나와 아내는 진료실 밖으로 나왔다. 움츠러든 가슴과 늘어진 등을 벽에 기대고 있는데 아내가 혈압을 재어 보자고 했다. 평소 같으면 짜증을 냈을 것이다. 쓸데없는 짓이라고. 하지만 오늘은 그냥 순순히 혈압계 입속으로 팔을 내밀었다, 116/82가 찍혔다. 고개를 갸우뚱거리더니 아내는 의사가 지시한 각종 검사를 뒤로한 채 한의원으로 가자고 했다. 특단의 조치 없이는 검사하는 동안 버티지 못할 것 같아 빨리 뭐라도 어떻게 해 주길 바라는 마음에 따라 나섰다.

  병원을 나서면서 몇 년 전에 본 발이 기억났다. 아이를 데리고 응급실에 갔던 날 늦은 밤, 구석에 시트로 얼굴을 덮은 사람의 두 발. 색깔로 짐작건대 아마도 죽은 것 같았다. 그 주변엔 아무도 없었다. 죽은 사람과 죽음의 이유에 대한 궁금증보다 무서움이 더 커서 애써 모르는 체, 못 본 것으로 지우려 했다. 시체를 처음 본 것이었다. 그 발 모양과 색깔은 지금까지도 또렷이 기억에 남아 있다. 나이 드신 부모님이 계셔서 죽음에 대한 생각은 가끔 했지만 오늘이 내 죽음의 문턱인지 삶의 길목인지 알 수 없었다. 상념을 지우고 한의원으로 출발했다.

  토요일 아침이라 오래 자고 싶었지만 7시경 갑자기 세상이 돌기 시작했다. 속이 메스껍고 헛구역질이 쉴 새 없이 밀려와 잠에서 깼다. 옷을 챙겨 입고 거실로 나와 에어컨을 틀었다. 식은땀이 온몸을 적셨다. 소파에 누워 쉬면 나을까 싶었지만 이내 중심을 잡지 못하고 바닥으로 고꾸라졌다. 퍼덕, 소리에 아내가 급하게 뛰어나와 내 등을 주무르고 바늘로 손가락을 땄다.

  어릴 때 나는 가끔 세상이 빙빙 도는 꿈을 꾸곤 했었다. 태양을 중심으로 돌던 행성이 혼자 떨어져 중심을 잡지 못하고 우주 공간을 떠돌고 있는 그런 꿈을 꾸면 한동안 잠을 이루지 못했다. 또 같은 꿈을 꾸기 싫어서였는지 언젠가부터 나는 원심력과 회전력을 이용한 놀이 기구를 타지 못했다. 오늘도 그렇다.

　손을 따도 아프지 않았다. 아니 느끼지 못했다. 평소 건강이라면 자신 있었고, 주변에서 관리를 잘한다는 말을 자주 듣곤 했다. 그러나 지난 2년간 건강 검진을 안 받았다. 큰 병이라도 났는지 걱정됐다. 중심을 잡지 못하는 어지럼증에다 나아질 기미가 없는 답답한 속을 어찌했으면 하는 마음이 간절해 병원으로 갔던 것이다.

　한의원에 들어서자 원장님이 아내에게 반갑게 인사를 했다. 아내는 이 한의원 단골이다. 우리는 대기실 의자에 앉아 순서를 기다렸다. 어디선가 보았던 낯익은 사람이 다가와 인사했다. 아내의 후배 부부였다. 후배 남편은 구부정한 자세로 어기적거리며 우리 옆에 앉았다. 이 와중에 아내는 후배 부부에게 나에 대해 늘어놓았다. 창피했다. 의사도 아닌 사람에게 왜 저럴까 싶었지만 나는 아무 말 없이 인상만 쓰고 있었다. 나의 아픔보다 아내의 행동이 더 못마땅했다. 아내 후배도 맞장구치며 자기 남편과 자기 병에 대해 늘어놓기 시작했다. 아내 후배는 팔목이 아파 죽겠고, 그 남편은 허리가 끊어질 것 같아 아침 일찍 왔다고. 간호사의 안내로 병실로 들어갈 때까지 아내와 후배의 '병 자랑'은 계속되었다.

　진료를 기다리는 동안 버티지 못하고 침대에 누웠다 앉기를 반복했다. 원장님이 진맥하며 어제 뭘 먹었냐고, 가장 불편한 곳이 어디냐고 물었다. 나는 세상이 돌아 정신을 못 차리겠다고 했다. 원장님은 먼저 내 뒷머리를 바늘로 찌르고 두 손, 두 발에 침을 놓았다. 그리고 조금 후 배에 침과 뜸을 올려놓더니 기다리라고 했다. 얼마나 지났을까 세상은 조금씩 중심을 잡아 가고 머리도 서서히 개고 있었다. 내 상태를 본

원장님은 중년의 급사를 운운하며 남편 건강도 신경 쓰라고, 있어서는 안 될 일이지만 가끔은 일어난다고, 남편을 챙겨야 한다고 아내에게 충고했다고 했다.

정신을 차리고 대기실로 나오자 아내가 잔소리 섞인 질문을 퍼부어 댄다. 어제 뭘 먹었냐고. 뭘 그렇게 급하게 먹었냐고, 내 증상이 급체라고 아내가 말했다. 어처구니없었다.

곰곰이 생각해 보니 어제 청주에서 먹은 비타민 음료가 문제였다. 처음 한 모금 마셨을 때 뭔가 모르게 찝찝했지만 그냥 다 마셨다. 돈 주고 산 거라, 몸에 좋은 비타민이라.

치료비를 납부한 아내는 병원비도 아끼고 빨리 나을 수 있었던 건 순전히 자기 덕분이라고 몇 번이나 공치사를 했다. 뇌경색인 경우 혈압이 아주 높게 나타나는데 난 그렇지 않았다고, 일반적으로 뇌에 문제가 있으면 혈압에 나타나지만 혈압도 정상이고 헛구역질 증상으로 볼 때 체한 것이라 판단했다고. 아내는 신뢰할 수 없는 자기만의 의학 지식을 계속 자랑했다. 그래, 그렇다고 하자, 오늘은.

병원의 CT, MRI 같은 첨단 장비보다 한의원의 작은 침이 낫게 했다. 시간과 비용을 들인 몸 관리보다 음료 한 병이 내 몸을 무너뜨렸다.

작은 것이 더 크게 느껴졌다.

오늘만큼은 그렇다.

우산 챙겨 왔냐고 물었다

"난 막걸리 한 병이면 돼. 막걸리만 마시지."
옆에 앉은 형님이 말했다. 일행이 물었다.
"그럼 다른 술은 전혀 안 드세요?"
"그래, 벌써 8년이다."
형님이 대꾸했다.
"그날 이후 한 번도 다른 술은 안 마셨어."
8년 전 그날을 나는 안다.

마음은 급했다. 하지만 아무것도 할 수 없었다. 119 구급 대원들이 정신없이 움직였다. 구급차 실내는 3명의 대원이 서로 자리를 바꿔 가며 일하기에 비좁았다. 한 대원은 누워 있는 환자에게 계속해서 말을 시켰고, 다른 한 대원은 환자의 손가락에 뭔가를 끼웠고, 정면에 붙어 있는 계측 장비의 그래프를 연신 쳐다보고 있었다. 그래프는 사인파 곡선을 그리는 것과 튀었다 사라지는 펄스파로 보였다. 의학 드라마에서 보던 상황과 같았다. 팀장은 병원과 상황실로 전화기와 무전기를 이용해 연신 교신했다.

신촌 세브란스 응급실은 여유가 없으니 이대 목동병원으로 가라는 상황실 지시에 따라 구급차는 양화대교 방향으로 갔다. 화면 속 그래프는 힘없이 계속 떨어지고 있었다. 팀장이 운전기사에게 속도를 내라고 다그쳤다. 나는 문득 형님이 이대로 죽을 수 있다고 생각했다. 가슴이 덜컹했다. 듬성듬성 빠진 머리, 굵은 주름이 가득한 얼굴을 보니 코끝이 시큰했고 안쓰럽고 서글펐다.

비 오는 금요일 초저녁 퇴근 시간대라 길에는 차들이 가득해 좀처럼 앞으로 가지 못했다. 어떤 차들은 사이렌 소리에 순차적 자리를 내어주기도 했다. 그러나 인공 폭포 앞에 도착하자 구급차는 사이렌 소리만 울리며 제자리에 서 있었다. 나는 뭔가 해야 할 것 같아 엉겁결에 누워 있는 형님의 다리와 팔을 주물렀다. 형님은 나에게 무언가를 전했다. 입술만 겨우 움직여 무슨 말인지 알아들을 수 없었다. 그냥 무시해 버렸다. 잠시 후 손을 휘저으며 또 뭔가를 이야기하려는 것 같았다. 혹시 유언 아닐까? 입에 귀를 가까이 대고 들어야 하나 고민했다. 문득 유언이라는 생각에 겁이 났다. 마지막 유언이라면 들어야 하는 게 아닌가, 형님은 또 손을 휘저으며 입술을 움직였다. 이제는 들어야겠다고 마음먹는 순간 팀장이 누워 있는 형님에게 산소마스크를 씌우며 운전기사에게 역주행을 지시했다. 구급차는 다급하게 중앙선을 넘어 역주행하기 시작했다. 무전기에서 흘러나오는 다급한 교신만큼이나 내 마음도 급했다.

가끔 나와 두 형님은 금요일 오후에 모여 간단하게 술을 마시곤 했다. 우린 추적추적 가을비가 내리는 그날도 번개로 모였다. 홍대 앞 복집에서 술을 마시며 평소처럼 수다를 떨었다. 복튀김, 무침, 매운탕으로 저녁 식사 겸 술을 마셨다. 내일 아침 강의로 오늘은 조금만 마시겠다고 하자 그 형님도 감기 기운이 있어 간단하게 하자고 거들었다. 형님은 지난 주말에 형수님과 팔봉산 산행을 했으며 그때부터 감기 기운이 있다고 했다.

술잔이 몇 차례 돌자 불그레한 얼굴이 점점 진하게 변했다. 잠깐 화장실을 다녀온 후 형님의 얼굴이 급격히 창백해졌고 알아들을 수 없는 말을 했다. 그러던 형님은 입으로 거품을 흘리며 몸을 가누지 못한 채 바닥에 쓰러졌다. 우린 너무 놀랐다. 정신 차리라며 계속 흔들어 깨웠지만 형님의 몸은 이내 축 늘어졌다. 난 쓰러진 형님 다리를 주무르고, 다른 형님은 엉겁결에 심폐소생술을 했다. 나는 곧 괜찮아지겠지, 일어나겠지, 별일 아니겠지 하던 생각이 잘못된 판단이라는 것을 직감적으로 알 수 있었다. 난 "119!"라고 소리쳤다. 식당 관계자와 주방장이 큰일 났다는 얼굴로 다급하게 방에 들어와 왜 그러냐고 물었지만 대답 없이 119라고만 외쳤다. 아마도 주방장은 복을 먹고 뭔가 잘못된 것으로 생각한 것 같았다. 그렇게 우리는 구급차를 탔다.

응급실에 도착하자 의사가 대기하고 있었다. 형님의 상태를 살피던 누군가가 "빨리!"라고 소리를 질렀다. 응급실 책임자로 보였다. 형님이 누운 침대를 젊은 남성 두 명이 빠르게 응급실로 끌고 들어갔다. 난 형님의 재킷, 지갑, 신발, 우산을 챙겨 들고 응급실로 뒤따라갔다.

의사가 불렀다. 뭐 먹었느냐고, 복어를 먹었다고, 복어 알레르기 있냐고, 모른다고, 가족력이 있냐고, 고혈압 있냐고, 당뇨병 있냐는 말에 나는 계속 모른다고만 했다. 난 형님에 대해서 아는 게 없었다. 의사는 빨리 가족을 불러오라고 했다. 병원 원무과에서 보호자를 찾았다. 원무과 직원은 비용을 결제해야 처치한다기에 내 카드로 결제했다. 이번엔 119대원이 보호자를 불러 환자의 신상 정보를 입력해야 한다기에 나는 형님 지갑을 꺼내 확인시키고 119대원이 내미는 서류에 확인 없이 사인했다.

의사는 다급하게 환자가 죽을 수 있으니 빨리 가족을 불러오라고 했다. 이대로 형님이 죽으면 나는 가족들에게 무슨 말을 할 것이며, 가족들의 원망을 평생 어찌할 것이며, 앞으로 어떻게 살 수 있을까, 같이 술 마신 죗값을 어떻게 치를까라는 생각이 들었다. 의사가 심근경색이라 어쩔 수 없이 약을 투여하고 가족들이 오면 동의서 사인 받고 수술하겠다고 말했다. 잠시 후 의사는 급해서 그런지 형님 가족이 도착하기 전에 형님을 수술실로 이동시켰다. 나는 응급실 밖으로 나와 문 앞에 쪼그리고 앉았다. 한 번도 피운 적 없는 담배를 깊게 빨아들이고 싶었다. 맥이 팍 풀렸다.

며칠 후 퇴원한다는 형님의 문자를 받았다. 나는 반가운 마음에 전화를 했다. "이봐, 동생, 고마워." "덕분에 이렇게 살았네!"라고 형님은 투박하게 말했다.

퇴원 전날 병문안을 갔다. 병원으로 가는 길에 형님은 그날 무슨 말을 하려 했을까 생각했다. 형님을 입원시키고 돌아갈 때부터 오늘까지 궁금했다. 병실에 도착하자 형님은 아무 일 없었다는 듯 멋쩍은 웃음을 지으며 "생명의 은인이 오셨네." 했다. 내가 사 간 음료수를 마시며 구급차에서 알아듣지 못했던 말이 궁금했다. 그날 구급차에서 뭐라고 하셨냐고 물었다. 형님은 말했다.

"우산 챙겨 왔냐고 물었다."

생사를 넘나드는 긴박한 순간에 우산을, 참 어이가 없었다. 우산이라니. 형님 옆에 막내를 간호하던 나이 드신 큰누나도 나도 순간 형님 얼굴을 쳐다봤다. 형님은 멋쩍은 웃음을 지었다. 형님 누나는 나에게 몇 번을 고맙다고 하셨다. 나도 고마웠다. 형님이 살아 있어서.

   형님은 건강 관리를 무척 잘하신다. 등산은 더 자주 하고 일은 줄였다. 얼굴은 더 밝아졌고 몸은 젊어졌다. 몇 년이 지난 지금도 우리는 가끔 그날의 무용담을 안주로 삼는다. 그날 이후 형님은 막걸리만 마신다. 시간이 지날수록 형님은 막걸리의 구수함을 닮아 간다. 형님의 막걸리 잔엔 오늘도 나의 얼굴이 비친다. 내일도 그랬으면….

내 기억 속의 빠꼼이

설악산 골짜기를 타고 내려오는 바람이 아직 봄놀이는 이르다고 우리의 발걸음을 다른 곳으로 돌려 버렸다. 나와 친구들은 바람을 피할 요량으로 양양 장터로 향했다. 건물인지 아니면 장터 사람들이 바람을 막았는지 시장 안은 따듯했다. 장터 길옆으로 맛있어 보이는 음식들이 많았다. 날씨 탓일까, 김이 모락모락 피어오르는 군고구마가 눈에 들어왔고 뜨끈한 국물을 자랑하는 어묵도 그랬다. 이것저것 먹고 나니 한결 따뜻했다. 그때 어디선가 엿장수 가위 소리가 들렸다. 누군가가 말했다.
"빠꼼이 기억나?"
우리는 웃음으로 대답을 대신했다.

1977년 여느 여름날 일요일 늦은 오후 빠꼼이는 말했다.
"넌 저번에 게으름을 피워 오늘은 안 돼."
"운전수 할 사람."
"너, 넌 저쪽, 옆으로 나와."
이렇게 빠꼼이만의 기준으로 동네 초등학생 5명을 선발했다. 빠꼼이는 출발하기 전 전쟁에 임하는 장군처럼 우리에게 비장한 연설을 했다.
"엿판을 엎으면 엿을 못 주고, 엿이 많이 부서져도 엿을 못줘, 게으름 피우다 걸리는 사람은 엿을 조금만 줄 거고. 내가 뒤에서 보면 누가 열심히 하는지, 누가 게으름을 피우는지 다 알아. 속일 생각 하지 말고, 오늘 잘하는 사람은 다음에 또 할 거야."

운전수 1명, 뒤에서 밀고 잡아 주는 보조 인력 4명. 모두 5명을 한 조로 구성했다. 나는 보조원으로 선발됐다. 운전수는 제일 많은 엿을 받고 나머지는 비슷했다. 이렇게 우리의 엿 리어카 끌기가 시작됐다. 엿장사를 마친 빠꼼이는 비닐로 엿판을 감싸고, 사들인 고물은 부피와 무게로 구분하여 엿판 밑에 차곡차곡 쌓고 엿가위와 칼은 연장통에 넣고 튼튼해 보이는 검은 고무줄로 엿판과 리어카를 단단히 고정시켰다. 리어카의 두 바퀴 뒤에 나무 기둥을 넣어 새끼줄로 동여매 내리막에 운전대를 들면 땅에 닿아 속도를 줄이는 임시 브레이크를 만들었다. 출발 전 선발된 우리의 각오도 비장했다.

우리는 동네를 출발한 후 긴 내리막과 평탄한 길에서 속도를 냈고 야트막한 언덕을 몇 개 지날 때까지는 거침없이 내달렸다. 출발할 때의 긴장도 어려움도 없었다. 짧은 여유를 느낄 때 길고 급격한 비탈길 입구에 들어섰다. 비탈길이 이어질 때 요령을 피울까 빠꼼이는 힘이 필요한 구간마다 뒤따라오며 감독했다.

"팔을 펴지 않고 미는 사람은 엿이 적어."

"신발이 미끄러지는 사람도 엿이 적어."

"땀이 적게 나는 사람은 엿이 없어."

요령 피워 볼까 생각하면 빠꼼이는 어김없이 "엿을 다 똑같이 주는 게 아니야." "하는 만큼 주는 거야."라며 말로 채찍질했다. 비탈이 심할수록 숨이 턱턱 막혔고 걷잡을 수 없이 경사가 심한 내리막에는 리어카에 매달려야만 했다. 빠른 속도를 줄일 때는 신발 바닥이 탈 것만 같았지만 빠꼼이 말이 무서워 요령을 피우지도 못했다. 이런 소문이 마을에 알려져 어른들은 빠꼼이만 보면 "애들 부려 먹지 말라."라고 핀잔을 주었지만 빠꼼이는 그 후로도 우리에게 계속 일을 시켰다. 우리도 일요일이 되면 엿 리어카 끌기를 기다렸다.

어느 날 나는 빠꼼이가 뒤에서 다그칠 때 '내가 힘을 주는지 아닌지 어떻게 알아, 요령 피울까, 하는 척만 하면 되지, 뒤에서 보면 알 것 같은데, 들키면 엿을 못 받을 텐데, 들키면 그때 열심히 하면 되지.' 고심하다 요령을 피워 보기로 했다. 가파른 비탈길에서는 힘을 주는 척 팔을 펴고 그냥 잡고만 가며 힘든 인상을 썼고 내리막에서는 팔에만 힘을 주고 다리는 따라만 갔다. 쉴 때 빠꼼이가 보기 전 땀을 닦는 척 시늉을 했다. 그늘에 먼저 앉아서는 누구보다도 힘든 내색을 했다. 우리는 그렇게 엿 운반을 마쳤고, 나도 다른 애들과 같은 크기의 엿을 받았다. 표시 내지 않았지만 기분이 좋았다. 나는 그날 이후 몇 번 더 그렇게 요령을 피웠다. 그때마다 빠꼼이는 나에게도 같은 크기의 엿을 주었다. 그때부터 나는 빠꼼이 말이 겁나지 않았다. 다른 친구들도 그랬을지도 모른다. 동네 청년들처럼.

빠꼼이는 일요일에 동네에 나타나는 우리의 엿장수였다. 이름이 무엇인지, 어디에 사는지, 언제부터 엿장수를 했는지, 왜 빠꼼인지는 아무도 모르지만 언제부터인가 우리에게 친숙한 사람이었다. 나이는 쉰 살 정도로 보였지만 아버지와 또래 어른들이 반말로 대하는 걸 보면 그보다 많지 않은 것 같았다. 우리는 앞에서는 아저씨, 뒤에서는 빠꼼이라 불렀다. 다른 동네 아이들도 그렇게 불렀다.

빠꼼이는 새까만 얼굴에 멀리서 보면 아이인지 어른인지 구분하기 어려울 정도로 작은 키, 앙상하게 마른 몸으로 엿 장사를 했다. 빠꼼이는 여름에 겨드랑이가 길게 늘어지고 누런 러닝셔츠만 입고 다녔다. 때로는 구멍도 나 있었다. 동네 청년들과의 엿치기에도 이기지 못해 자주 엿을 뺏기기도 했다. 중학생 형들은 빠꿈이가 안 볼 때 엿가락 몇 개를 훔쳐 먹기도 했다. 빠꿈이는 동네 청년들의 무시와 비꼬는 말투에도 아무런 대꾸 없이 그냥 웃고만 있었다. 웃을 때면 이 빠진 자리가 보였다. 몇 개가 빠졌는지 기억은 없다. 그렇게 빠꿈이는 어른들 사이에서 기를 펴지 못했다. 동네에 오지 않는 겨울철 빠꿈이에 대한 기억은 없다.

언제부터인가 마을에서 빠꿈이를 볼 수 없었고 빠꿈이에 대한 기억도 여름날 엿 녹듯 사라졌다. 어느 날 빠꿈이가 죽었다는 이야기가 학교에 돌았다. 눈이 움푹 패어 멀리서 보면 눈만 보인다고 해서 빠꿈이라 불렸고, 게을러서가 아니라 몸이 아파서, 암이라 기운이 없어서 우리에게 리어카 끌기를 시켰다는 것도 그때 알았다. 엿판을 좌지우지하던 빠꿈이가 나의 요령을 몰랐을까. 알면서도 그냥 엿을 주었을까. 빠꿈이가 다른 어른과 같았다면 내가 요령을 피웠을까. 양양 시장 엿판 앞에서 이런저런 생각을 해 본다. 내 기억 속의 빠꿈이도 엿도 우리의 추억도.

청주 가던 날의 기억

2004년 10월 대학 강의를 의뢰받았다. 대학 관계자와 처음 통화할 때만 해도 덤덤했지만 약속한 강의 날짜가 다가올수록 은근히 걱정이 쌓여 갔다. '괜찮아. 지금까지 회사에서 강의를 많이 했는데, 회사에서처럼 하면 되겠지.'라고 생각했다. 강의 날짜가 가까이 다가오자 강의를 피하고 싶은 마음은 더 커져 갔다. 강의 경험이 많은 동료에게 부탁해 보고, 대학 인근에 근무하는 지인에게 부탁해 보고, 대신할 강사를 찾아보았지만 헛수고였다. 일이 바빠서, 시간이 없어서, 강의 경험이 없어서 등 다양한 이유로 거절했다.

하는 수 없이 교안을 준비했다.

'2시간이면 교안은 몇 페이지 정도를 준비해야 할까? 교안이 너무 많으면 초보라고 하겠지? 아니지, 중간에 할 말 없으면 어떡해? 그림을 많이 준비하자.'

고민 끝에 동영상도 넣었다. 교안이 완성되고도 여전히 걱정은 많았지만 연습은 건성건성 몇 번 하고 말았다. 그리고 또 시간이 흘러 그날이 다가왔다.

회사에 출장으로 신고하고 청주로 출발했다. 혼자 운전해 가려니 걱정과 긴장 탓에 엄두가 나지 않아 후배와 동행하기로 했다. 경부고속도로 청주 요금소를 빠져나오니 도심으로 향하는 진입로 변에 길게 늘어진 플라타너스들이 죽 이어져 있었다. 내비게이션이 알려 주는 도착 예정 시간이 다가오자 서서히 긴장이 몰려와 물을 자주 마셨다. 나의 불안함을 모르는지 관심이 없는지 동행한 후배는 마냥 신나 보였다.

학교에 도착해 강의실이 있는 건물로 이동하다 보니 오늘 강의를 알리는 현수막이 걸려 있었다. 현수막에는 내 이름과 회사도 쓰여 있었다. 후배는 자랑스러워하며 사진을 찍으며 한동안 칭찬하는 말을 했다. 나는 그렇지 못했다. 부담스러웠다. 강의실 건물 앞에 도착하자 대학 관계자가 기다리고 있었다. 반갑게 인사하며 잘 부탁한다고 했다.

"요즘 학생들에게 기업에 계시는 분의 특강이 인기입니다. 학생들이 부장님 회사 특강 요청을 많이 했어요. 바쁘신데 이렇게 오셔서 감사드립니다."

관계자의 말에 불안이 묵직하게 다가왔다. 관계자는 특강에 대한 취지와 강의실 환경에 대해 설명해 주었다. 오늘 수강생은 고학년으로 200명 정도 된다고 했다.

강의에 자신이 없었기에 강의 시작 전에 동행한 후배를 강의실 밖으로 서둘러 내보냈다. 준비한 교안을 컴퓨터에 설치하고 몇 페이지를 넘겨 보았다. 이상 없었다. 동영상도 돌려 보았다. 문제없었다. 강단에는 생수, 포인터가 가지런히 놓여 있었다.

강의 시간이 다가오자 학생들이 우르르 몰려들었다. 학생들이 자리에 꽉 차게 앉자 200명은 훨씬 넘어 보였다. 관계자가 나를 소개했다. 긴장감이 발부터 머리까지 온몸을 감싸고 돌았다. 강의실 천장 조명이 모두 꺼지고 내 자리만 환하게 비추었다.

학생들에게 내 소개를 짧게 했다. 오늘 강의 내용에 대해 간단하게 언급하고 나니 더 할 말이 없었다. 아니, 준비한 말을 모두 잊어버렸다. 땀이 나기 시작했다. 얼굴은 벌겋게 익어 가고 있었다. 뭔가 계속 말했지만 기억은 나지 않았다. 말이 빨라졌다. 학생들이 알아듣는지 못 알아듣는지 중요하지 않았다. 긴장의 방아쇠가 언제, 무엇 때문에 당겨졌는지 알 수 없었다. 준비한 농담도, 재미있는 이야기도 잃어버렸다. 학생들의 얼굴이 전혀 보이지 않았다. 학생들이 비웃는 건 아닐까, 대학 관계자는 나를 섭외한 것을 후회하진 않을까, 강의 평가에 뭐라고 쓸까? 이런저런 불길한 생각들이 머릿속에 가득 찼고 급기야 앞줄에 앉은 학생들조차 바라볼 수 없을 정도로 긴장감이 극에 달했다. 마이크를 잡은 손이 떨렸다. 티가 나면 창피할 것 같아 마이크를 양손으로 잡았다. 조금은 나아지는 듯했지만 떨리는 손을 멈출 수는 없었다.

무슨 말을 했는지 혼자 한참을 떠들다 벽에 걸린 시계를 쳐다봤다. 이제 겨우 20분 지났다. 아직 1시간 30분 남았는데 어떻게 하지? 교안을 보니 벌써 3분의 2 정도 지난 것 같았다. 진땀이 더 많이 났다. '이대로는 안 되겠다. 뭔가를 해서 긴장을 풀어야겠다.'라고 마음먹었다. 재킷을 벗어 볼까? 겨드랑이에 땀이 많이 나서 셔츠가 젖었을 것 같아 포기했다. 물이라도 마실까? 물병 뚜껑을 한 번에 따야 할 텐데 가능할까? 갈등하다 물을 마시기로 했다. 돌아서서 물병 뚜껑을 따자마자 바로 들이켰다. 물을 마시며 기왕 이렇게 된 거 위축되지 말고 준비한 대로 해보자 생각했다. 물을 마시고 심호흡 한 번 하고 돌아서니 학생들 얼굴이 조금씩 눈에 들어왔다. 강의 내용과 함께하려고 준비했던 재미있는 이야기와 농담이 그제야 생각나 들려주었더니 학생들의 반응이 좋았다. 자신감이 생겼다. 학생들의 얼굴이 점차 선명해졌다. 시계를 보니 어느덧 강의를 마칠 시간이었다.

강의를 끝내자 대학 관계자가 다가왔다. 나는 너무 창피해 아무 말도 못 했다. 관계자는 휴식 시간도 없이 두 시간 내내 열심히 강의해 주셔서 감사하다고 했다. 하지만 내게는 전혀 칭찬으로 들리지 않았다. 강의료 지급에 필요한 주민번호, 주소, 연락처, 소속, 직책을 작성할 때는 쥐구멍에라도 들어가고 싶었다. 강의를 망치고 강사료를 받는다고 욕하는 것 같았다. 조금이라도 빨리 헤어지고 싶었지만 관계자는 이것저것 질문이 끊이지 않았다. 관계자가 사무실에 가서 차 한잔할 수 있는지 물었을 때 나는 반사적으로 시간이 없다고 거절했다. 도망치듯 캠퍼스를 빠져나오자 첫 강의의 긴장 탓에 피로가 몰려왔다.

한동안 강의 요청을 거절했다. 그때의 기억 때문이었다. 그 후 언젠가부터 강의가 재미있어졌다. 아주 좋은 부업이기도 했다. 가끔 그때가 생각나면 아직도 식은땀이 난다. 그때 식은땀의 가치를 지금에서야 깨닫는다.

오늘도 청주로 출발했다. 대학에 강의가 있는 날이다. 2시간을 달려 청주 요금소를 빠져나왔다. 도심 진입로에는 누렇게 변한 플라타너스 낙엽으로 가득했다. 차창을 내리자 늦가을 플라타너스 낙엽 향기가 정겨웠다. 플라타너스 잎은 여름의 기세등등함도, 하늘을 가리던 카리스마도 잃어버린 채 자동차가 일으키는 작은 바람에도 이리저리 도로 위를 나뒹굴었다. 목적지 없이 물결 따라 여기저기 떠도는 가련한 부초처럼, 내달리는 버스가 일으키는 바람에 이리저리 휩쓸리는 플라타너스 낙엽은 내 머릿속에 아득해졌던 첫 강의의 기억을 떠올려 주었다. 첫 대학 강의 날은 플라타너스 낙엽을 보지는 못했다. 같은 가을, 같은 플라타너스였건만.

용서 없는 화해

띠디디딩… 띠디디딩… 띠디디딩….

근무 시간에 무료 인터넷 전화 벨소리가 울렸다. 싱가포르에 있는 둘째아들이다. 진로, 학교 등 일상은 나랑 통화하고 연애 상담은 아내를 찾는다. 평일 낮에 걸려 온 전화라 살짝 긴장했다. 통화는 주로 휴일 저녁에 했기 때문이다. 둘째는 이번 시험을 잘 봤다고, 시험 기간 내내 에너지 드링크를 마시며 공부했고 어제도 밤을 새웠다고, 세 시간 시험을 두 시간 내에 다 풀고 확인했으니 좋은 성적이 나올 것이라 했다. 나는 아들에게 생애 처음 있는 경험이라고 농담을 건넸다.

실은 농담이 아니었다. 둘째는 고등학교 때까지 한 번도 공부를 열심히 한 적이 없었다. 나도 성적을 확인하지 않았다. 취업에 대한 걱정은 뒤로하고 지금은 둘째가 자랑스럽다. 지난 추석에 싱가포르에서 본 둘째가 보고 싶다.

둘째는 대학 진학을 권하기도, 유학을 권하기도 했지만 이런저런 핑계만 댔다. 대학 진학을 포기하고 누구나 바쁜 고3 때 아르바이트를 했다. 여름 방학에 친구와 함께 대구, 진주, 부산으로 옮겨 다니며 장사 아르바이트를 했다. 며칠을 묵으며 장사를 했다. 장사를 끝내고 집에 돌아오면 번 돈과 무용담을 털어놓으며 장사에 소질 있다고, 주변 사람들에게 칭찬받았다고 자랑했다.

번 돈을 볼 때마다 마음이 아팠다. 졸업 후 식당에서 아르바이트를 했고 퇴근 후 마중을 가면 몸에 밴 음식 냄새가 슬펐다. 아이스크림 가게에 매니저로 취업했지만 근무 시간은 길고 일이 많아 날마다 자정 무렵 집에 들어왔다. 불규칙적인 휴일 근무로 3개월을 채우기 어려웠다. 퇴사했지만 급여 일부를 받지 못해 속상해하는 아들에게 노동부 상담을 권했다. 나는 해결해 주지 않고 "사회생활 하면서 남의 것을 뺏지도 말고 내 거 뺏기지도 말아야 한다."라고 몇 번 이야기했다.

세 차례의 노동부 출석으로 잔여 임금을 겨우 받았고 친구 소개로 공장에 취업했다. 하루를 다니고 손가락을 다치는 사고가 났다. 아들을 공장이 아닌 병원에서 데리고 왔지만 급여를 받지 못했다. 가끔 급여를 받았는지 물어보면 "주겠죠. 친구의 작은아버지인데."라며 피하기 일쑤였다.

둘째는 짧은 시간에 혹독한 세상살이를 경험했다. 첫째가 다니는 중국으로의 유학을 권하면 가끔 현실성 떨어지게 러시아로 가겠다고 했다. 8개월간의 아르바이트로 지쳤을 때 싱가포르로 유학을 권유하자 가겠다고 했다.

모든 준비를 마치고 출국하는 날 다 같이 공항으로 갔다. 둘째는 다소 긴장된 모습이었다. 혼자 해외로 가는 건 처음이었다. 현지 픽업은 계획되어 있으나 조금은 불안했다. 홀로 출국장으로 들어가는 아들의 뒷모습에 마음이 찡했다. 나와 아내는 둘째의 모습이 완전히 사라지고도 한참을 공항에 있었다. 도착했다는 연락이 올 때까지 불안했다.

둘째는 1년간 영어를 공부하고 대학 입학시험에 합격했다. 우리 부부는 추석을 맞아 싱가포르로 갔다. 새벽 두 시 반에 공항에 도착했다. 깐

간한 입국 심사대를 통과하자 우두커니 앉아 있는 둘째의 뒷모습이 보였다. 반가워 어찌할 줄 몰랐다. 아내는 이내 눈물을 흘렸고 아들은 뛰어왔다. 둘째는 공항에서 세 시간을 기다렸다고 했다. 마지막 지하철이 밤 11시 반에 끊기기에 그때부터. 택시를 타자 둘째는 기사에게 영어로 호텔을 설명했다. 그때까지만 해도 둘째가 영어를 잘하는지 알지 못했다. 쉬운 영어라서. 그런데 호텔 체크인할 때도 막힘이 없었다.

 다음 날 아침에 아들의 신발을 봤다. 밑창이 닳아 발바닥으로 걷고 있는 것 같았다. 아픈 마음과 안쓰러움에 가슴으로 울었다. 물가가 비싸 못 샀다고 했다. 다음 달 알바비 받으면 사려고 했다고 말했다. 둘째는 간간이 모델 아르바이트를 하고 있었다. 준비해 간 신발 두 켤레를 보고 아들은 기뻐했다. 평소 필요한 돈은 직접 해결하는 아들이라 더 마음이 아팠다.

 둘째는 처음 싱가포르에 도착해 한 달은 너무 힘들어 귀국하려고 했고, 내가 처음 잡아 준 숙소에는 3개월 살다가 이사했고, 며칠 후 입학하기 전에 학교 인근으로 이사할 예정이라고 했다. 둘째가 이사 갈 숙소에 가 보고 싶었지만 엄마, 아빠 마음 아플까 봐 안 된다고 했다. 계속 가 보자고 우길 수도 없었다. 더 마음 아플 것 같았다.

 처음 싱가포르에 도착해 학교 가는 지하철 노선부터 모든 것을 혼자 해결해 가며 적응했고 한국인들과 함께 사는 집에서는 영어 실력을 기대하기 어려워 외국인들만 사는 싼 동네로 이사했다고 했다. 아빠, 엄마를 만나 8개월 만에 처음 하는 한국말이라고 했다. 갑자기 둘째가 대단하게 느껴졌다.

아들은 평소 자주 간다는 식당으로 아빠, 엄마를 안내했다. 우리는 비싼 아침을 주문했고, 아들은 평소에 먹고 싶었던 메뉴라고 했다. 주로 싼 현지 음식만 먹는다는 말에 또 마음이 아팠다. 그날은 이래저래 기쁘고도 아픈 날이었다.

마리나 베이 샌즈 호텔, 라이언 파크, 가든 바이 더 베이, 주롱새 공원, 차이나타운, 인도타운을 구경하고 호텔에서 수영도 했다. 칠리 크랩, 피시 헤드 커리, 바쿠테 등 맛집 투어로 즐겁게 지냈다. 둘째는 미리 짜 놓은 여행 계획에 따라 세세한 곳까지 안내했고 외국인들과도 막힘없이 대화했다. 카페에서 커피를 마실 때 외국인 관광객이 국적을 물었다. 한국이라고 하자 남북 관계를 언급했다. 둘째와 이스라엘 관광객과 남북 관계를 주제로 한참 동안 대화를 나눴다. 나는 알아듣지 못했지만 자랑스럽고 뿌듯했다.

4일간의 여행을 마치고 귀국하는 날 공항에 도착했다. 지하철 끊기기 전에 집으로 가라고 했지만 아들은 계속 머뭇거렸다. 몇 번의 성화에 아들과 헤어졌다. 아내는 그전부터 울먹이더니 대놓고 울었다. 둘째에게 너무 못해 준 게 많다고, 혼자서 너무 불쌍하다고, 보고 싶다고 계속 울었다. 나도 마음 아프지만 잘 적응하고 있어 문제없다고, 다음 달부터 용돈을 더 보내고 생필품도 더 자주 보내 주자며 아내를 달랬다. 주변에 많은 사람이 쳐다보는 것 같았다. 나는 아내가 왜 우는지 조금은 안다. 둘째와 아내는 성격이 비슷해 고등학교 때 갈등했다.

귀국 후 아내는 몇 번을 더 울었다. 싱가포르에서 함께 찍은 사진을 볼 때도, 아들과 통화를 할 때도. 하지만 싱가포르를 다녀온 이후 울음은 다른 색깔이었다. 통화 횟수도 잦았고 시간도 길었다. 귀국 후 아내는 지난날의 미안함을 긴 편지로 전했고 아들도 화해의 답장을 했다. 서로 용서 없이 화해했다. 누구에게도 잘못은 없었다.

몇 달 후 아들은 입대한다. 그때도 아내는 울겠지. 그땐 무슨 말로 어떻게 달래야 하나.

주말에 둘째에게 생필품을 보낼 것이다. 좋아하는 것들로 마음 가득.

긴장의 진화

"안녕하세요?"

가볍게 인사를 건네고 출연자 대기실에 들어선다. 3개월 전부터 생방송을 시작했다. 방송은 남녀 아나운서 두 명, 전문가 패널 두 명으로 진행된다. 나는 전문가 패널로 참석하고 있다. 오늘 진행될 방송 대본을 읽어 본다. 지난주 금요일 오후 몇 시간 동안 작가와 상의한 내용이지만 내가 할 부분을 다시 한번 확인하고 읽으며 머릿속에 담아 둔다.

좁은 대기실에는 지지대가 휘어질 정도로 옷걸이에 매달린 의상이 벽면을 가득 채우고 있다. 탁자 위에는 빈 커피잔이 수북이 쌓여 있고, 누가 사 왔는지 알 수 없는 빵, 과자, 음료수가 여기저기 놓여 있다. 익숙한 풍경이다. 매주 월요일 오전은 생방송에 출연하는 날이다. 헤어 디자이너가 눈짓으로 앉으라는 신호를 보낸다.

"먼저 하세요."

한 번 더 권한다. 아직 시간 많이 남았는데 벌써 준비하면 불편한데, 메이크업에 익숙지 않아 얼굴이 땅기고 뭔가를 뒤집어쓴 것 같아 마지막에 했으면 좋겠는데, 어쩔 수 없이 자리에 앉는다.

머리를 매만지고 메이크업을 하는 사이 다른 출연자가 들어오면 거울에 대고 가볍게 인사한다. 다른 출연자는 머리를 손질하는 시간이 오래 걸린다며 매번 나더러 먼저 하라고 한다. 화장품으로 얼굴을 가볍게 톡톡 치고 간단하게 그리면 메이크업도 끝난다. 가끔 메이크업이 잘 된 날엔 아내에게, 친구들에게, 지인들에게 보여 주고 싶은 마음도 든다.

십여 분 정도 소요되는 것 같다.

다음은 다른 출연자 차례다.

비어 있는 머리카락을 채우기 위해 빗 뒤끝으로 여러 번 손질하고 약품을 바르기를 반복한다. 머리카락이 어느 정도 힘을 받아 솟구치면 드라이어로 형태를 잡아 머리 손질을 마친다.

"머리를 심든가 해야지, 미안해서."라고 매번 말한다. 벌써 몇 개월째 반복되는 말이다. 누구도 기대하지는 않는다. 언제 심을지는 아무도 모른다.

출연 준비를 모두 마치면 대본을 다시 들여다보고, 같이 출연하는 패널과 순서를 맞추어 본다. 대기실에 설치된 텔레비전으로 방송 중인 화면도 보고, 차도 마시며 남은 시간 여유도 부려 본다. 생방송의 긴장을 잊은 채로.

처음 방송 출연 제의를 받고 할까 말까 고민하다 새로운 경험이라 출연하기로 결정했다. 작가 및 프로듀서와 사전 협의 할 때만 해도 내가 전문가란 생각에 자신 있었다. 첫 방송 때 약간 긴장했다. 비록 긴장했으나 생방송이 더 재미있었다.

지금까지 살아오며 여러 번의 긴장감을 경험했다. 최고의 긴장감은 중학교 때였다.

머리와 교복이 어색한 중학교 1학년 때 우리 반 대표로 영어 암송 대회를 참가하게 되었다. 내 의사와 상관없이 정해졌다. 친구들 앞에서 발표하겠다고 스스로 손을 들어 본 적은 없었다. 전교생 앞에 나가 본 적은 더더욱 없었다. 그러다 보니 참가가 확정되자 그 상황을 회피하고 싶었다. 아프다고 할까, 그날 결석이라도 할까, 죽어도 못 하겠다고 할까, 아무리 궁리하고 궁리해도 빠져나올 구멍이 없었다.

긴장은 며칠 전부터 시작됐다. 발표할 내용은 모두 암기를 마쳤지만 빠져나갈 궁리는 계속했다. 하지만 별다른 수가 없었다. 암송대회 당일 발표자 대기석에 앉으니 입이 말라 혀를 굴리며 침을 만들었다. 한 사람, 한 사람 끝나고 내 순서가 다가오자 입안은 더욱 바짝 말랐다. 죽을 것만 같았다. 단상에 올랐을 때는 앞이 캄캄했다. 친구들 얼굴이 보이지 않았다. 오로지 '빨리 끝마치고 내려가야지' 하는 생각으로 정신을 집중해 암송을 시작했다. 암송은 무사히 마쳤다. 하지만 수상을 기대할 처지는 아니었다.

군대 생활 중에도 얼떨결에 전체 중대원 앞에서 소대 대표로 발표한 적이 있었다. 포상으로 휴가가 걸려 있었다. 자발적으로 선택한 게 아니라 특별히 휴가 가고 싶은 마음도 없었다. 그래서 그런지 그때는 긴장하지 않았다. 그런대로 할 만한 발표였다. 그렇다고 군기가 들어서 그런 건 아니었다.

직장에서 행사를 주관하는 팀장을 오래 맡았다. 회사에서 개최하는 여러 행사의 사회를 맡았다. 제1회 지역 장학금 수여식 행사는 지금도 잊을 수 없다. 지역을 대표하는 외부 인사와 회사의 중역들이 참석하고 외부 전문 출장 뷔페를 불러 식사도 하는 행사였다. 행사 도우미, 팀원, 음향 담당자, 영상 담당자와 연습했다. 실수하면 안 된다는 생각에 몇 번을 더 연습했다.

식순에 따라 장학증서를 수여하는 차례가 되었다. 그런데 내가 장학증서를 다 읽기도 전에 사장님이 장학증서를 먼저 건네셨다. 사장님 속도에 맞추려고 나는 내용을 빨리 읽었다. 그런 상황이 몇 차례 반복되다 보니 학생과 장학증서가 서로 어긋나고 말았다. 나는 열심히 읽고 있는데 사장님은 장학증서 수여를 다 마치고 우두커니 서 계셨다.

시청, 경찰서, 소방서, 농협, 학교에서 참석한 분들이 우리 회사를 욕하지 않을까, '행사가 엉망이네, 사회자가 이상하네, 이 큰 회사가 이 정도야?'라고 할 것 같았다. 행사 참석자 중에는 지인들도 있어 더욱 신경이 쓰였다. 사장님은 격식, 순서보다 본인 마음 가는 대로 편하게 출발하고 정지하는 성격이고 틀에 정해진 행사 자체를 싫어하셨다. 그날 행사는 망친 거나 다름없었다. 그 후 나는 사장님께 행사 진행 시 사회자와 템포를 맞추시라고 몇 번 더 부탁드렸지만 "괜찮아, 뭐가 중요해? 잘했어, 신경 쓰지 마!"라고 대수롭지 않게 답변하셨다. 그 후로 사장님과 함께한 여러 행사에서 긴장이란 말은 사라졌다. '조금 미숙하면 어때? 순서야 다음에 바꾸면 되고, 행사 끝나고 나면 기억하는 사람 하나 없는데, 창피는 무슨….'이라고 마음먹었다.

스튜디오 문이 잠기면 마이크를 점검하고, 의자 높이를 조절하고, 카메라가 자리를 잡으면 큰 화면에 방송 시작을 알리는 카운트다운이 시작된다. 짧게 긴장한다. 화면에 내 모습을 확인해 본다. 아나운서와 눈을 마주친다. 내 순서가 되면 대본에 없는 말도 한다. 유명한 명언으로 전문가임을 자랑도 해 본다. 다른 패널의 말에 반론도 해 본다. 제스처도 리액션도 해 본다. 자신감이 붙는다. 욕심도 부려 본다. 긴장감도 즐긴다. 6개월째 생방송을 즐기고 있다. 이렇게 긴장도 진화해 간다, 중년이 되니.

같이 생방송에 출연한 패널이 머리를 심었다고 진화된 모습의 사진을 보냈다.

심긴 심었군. 1년이 넘어서였다.

4장

오늘도 그렇고 또 그렇게

나는 분명 술꾼은 아니다

계속 비가 내린다. 휴가 안 가길 잘했다는 생각도 들었다. 요 며칠은 점심때 가까운 식당을 이용했다. 비를 맞으며 멀리 이동하기 귀찮았다. 출근한 지 한 시간쯤 지났을까. 카톡이 왔다.

"오늘 점심 어때?"

홍대 인근에서 근무하는 선배였다.

"ㅇㅋ"

한 달에 한 번 정도 옛 직장 동료이자 선배인 두 분과 함께 점심을 먹었다. 이렇게 시작한 낮술 모임을 5년째 이어 오고 있다. 홍대, 구로, 여의도로 순번을 정해 다녔다.

오늘은 구로에 근무하는 선배의 휴가라 임시 모임으로 장소는 여의도로 정했다. 우리끼리는 각자 근무지 인근을 '나와바리'라고 칭했다. 각자 '나와바리'에서는 각자가 일정, 메뉴, 비용 등 모든 것을 책임졌다. 오늘도 나는 메뉴를 고민했다. 비가 오니 횟집은 그렇고, 모둠전이 일품인 안동국시 집은 지난번에 갔고, 깊은 맛을 자랑하는 동태탕집은 덥고, 더운데 낮부터 고기 굽기도 그렇고 해서, '11시 20분까지 낙지집으로'라고 카톡을 보냈다.

우리가 낮술에 재미 들인 것은 나이가 들었기 때문이다. 젊은 날엔 긴 시간 동안 술을 마실 수 있지만, 나이 들면서 음주 후유증이 날로 커져 어쩔 수 없어 택한 우리만의 방법이었다. 보통 오전 11시 정도에 만나 낮 두 시면 헤어진다. 그렇다고 백수는 아니다. 세 명 모두 자기 일을 하고 있지만 넉넉하다고 생각하진 않는다. 낮술을 처음 마셨을 땐 뭔지 모를 죄책감이 들었다. 근무 시간에 이렇게 놀아도 될까 하는 생각. 하지만 횟수를 거듭할수록 옛날 어르신들이 낮술 하는 이유를 조금씩 알아 가며 즐기고 있었다. 이제는 익숙해져 은근히 기다려지곤 한다. 여의도에서의 메뉴 걱정만 없다면.

또 다른 낮술은 초등학교 동창들과 한다. 오후 4시 반으로 정해진 늦은 낮술 모임이다. 겨울에는 낮술이라고 부르기 애매하다. 4시 반에 시작해 두 시간 정도 마시고 카페를 들러 헤어지면 밤 9시 전엔 집에 도착할 수 있어 아내의 잔소리를 피할 수 있고 다음 날 후유증도 줄일 수 있어 좋다. 젊은 날 해가 긴 여름날이 좋았던 이유와 비슷하다.

나이 들며 술자리 주제도 변했다. 중년인 지금은 각자의 성향이 뚜렷해 합의점에 도달하지 못하는 정치 이야기는 금기 사항이다. 경제가 주제이면 모두 걱정하고, 노후가 주제일 땐 낙심하고, 자식 이야기 하면 자랑, 걱정 두 가지로 나누어진다. 요즘은 여자 이야기도 별로 없다. 아니 식었다. 남자들 모임의 수준은 여자 이야기가 얼마나 빨리 나오느냐에 따라 평가할 수 있다는 게 평소 생각인데, 이제는 예외인 듯싶다.

오늘은 긴 장마로 기력이 떨어질 수도 있을 선배를 위해 연포탕으로 정했다.
"무슨 술 드릴까요?"
"제일 안 팔리는 술 주세요."

난 항상 이렇게 대답한다. 짧게는 30년, 길게는 40년을 마신 술이지만 아직 소주와 맥주 맛을 명확하게 구분하지 못한다. 양주 맛은 안다.

나의 술 이야기는 중학교 때부터였다. 중학교 3학년 조회가 끝나고 교감 선생님께서 나를 포함해 동네 아이들 이름을 불렀다. 전교생이 모인 운동장 조회라 무슨 영문인 줄 모르고 선생님 앞으로 갔다. 교감 선생님은 우리 5명이 다 모이자 엎드리라고 했고, 무작정 설명도 없이 엉덩이를 때렸다. 순간 맞는 이유를 생각하기보다 덜 아프게 맞을 방법을 고심했다. 열 대 정도 맞은 것 같다. 교감 선생님은 마지막 친구까지 다 때리고 전교생 앞에서
"이놈들, 술 마신 놈들이야."
"학생이라는 놈들이 술을 마셔?"
"오늘은 처음이라 이 정도 하지만 다음에는 정학시키겠다."
라고 말씀하셨다. 우리 학교는 분교라 교감 선생님이 제일 높은 분이었다. 친구 부모님이 결혼식으로 집을 비운 날 우리끼리 모여 먹다 남은 막걸리를 마신 게 들통난 거였다. 우리 마을에 사는 친구 여동생이 선생님께 일렀다는 것을 나중에 알았다. 이 사건이 공식적인 나의 첫 술이었다.

그 이전에도 오늘처럼 비 오는 날이면 어머니는 텃밭의 고추와 쪽파로 전을 부쳐 아버지의 막걸리 안주를 만들었고, 폭우가 쏟아지는 날엔 담벼락에 열린 애호박과 부엌에 묻어 둔 감자로 전을 부치기도 하셨다. 아버지가 다 드시고 잔 바닥에 깔린 막걸리를 내가 마시면
"애들이 술맛 알면 망한다. 못쓰는 법이야."

라고 어머니가 핀잔을 주셨지만 말리지는 않으셨다. 자식 입으로 들어가는 거라. 벌써 40년도 훌쩍 지난 일이지만.

"박 사장, 오늘 메뉴 굿!"
선배는 연포탕이 마음에 들었음을 목소리로 전했고, 추가로 시킨 낙지볶음에 소주잔을 비웠다. 계속된 비로 휴가를 망친 이야기, 손자 이야기, 사업 이야기, 그리고 우리 시골집 비 피해까지 걱정하는 선배와 소주 두 병을 비웠다. 다음 달 안주를 정하고 카페로 자리를 옮겼다. 베트남에서 400㎞ 떨어진 곳까지 날 만나러 온 선배의 모습이 자꾸만 겹쳐졌다. 이젠 다소 늙은 모습으로.

술이 있어 좋다. 함께 마실 수 있는 이들이 있어 더 좋다. 나이가 들어도.
혼자 되새겨 본다. 난 분명 술꾼은 아니다.

온몸으로 배운 겨울 답사

"하이, 빅스비. 오늘 날씨 알려 줘."
"오늘은 맑고 최저 기온 영하 10도, 최고 기온 영하 4도로 쌀쌀한 날씨입니다. 바람이 많이 불어 체감 온도는 훨씬 낮아 한낮에도 추운 날씨가 예상되니 옷을 여러 겹 입고 목도리나 장갑으로 몸을 따뜻하게 하세요."
"여보, 오늘 많이 춥다 하네. 두꺼운 외투 입어."
아내의 말에 몇 년 전 지독했던 겨울 답사가 생각났다.
그날은 6주간의 조선사 마지막 과정인 답사를 가는 날이었다.

장소는 멀지 않은 강화도였다. 아침 9시경 집에서 출발할 때부터 바람을 피해 가며 약속 장소로 갔다. 합정역에 도착하니 버스는 이미 답사 참가자로 가득 차 있었다. 옆 사람과 별다른 이야기 없이 조용히 앉아 가다 보니 어느덧 버스는 첫 답사지인 광성보에 도착했다. 며칠 전 내린 눈만 우리를 맞이할 뿐 방문객은 아무도 없었다. 발걸음을 옮길 때마다 눈은 사각사각 소리를 냈다. 광성보 앞마당은 사람, 짐승, 하다못해 새들의 발자국조차 없는 순백색의 들판이었다. 눈은 바람을 따라 때로는 질서 있게 때로는 무질서하게 이리저리 흩날렸고 햇빛을 받아 반짝거리기도 했다.

나는 몇 번 와 본 광성보라 해설자의 설명을 뒤로한 채 일행들과 잡담을 나누며 앞장섰다.

"회장님 오늘 간지 나게 입고 오셨네, 난 키 작은데 옷을 많이 입어 볼품이 없는데."

답사를 주관하는 정 실장이 나를 보고 말했다. 겉으로는 아닌 듯 티 내지 않았지만 내심 기분은 좋았다.

그러나 얼마 못 가 멋보다는 따뜻한 옷이 절실해졌다. '시간이 지나면 따뜻해지겠지.'라는 기대가 무색하게 효종과 신미양요를 한창 설명하는 11시경부터 바람은 점점 날카로워졌다. 썰물이라 광성보 앞 바다는 검은 흙탕물이었다. 잔뜩 화난 듯 바닷물은 거품을 품고 거친 소리를 내며 어디론가 쓸려 내려갔다. 바다가 내는 매서운 파도 소리와 옷 속으로 파고드는 바람은 점점 더 따뜻한 곳을 간절하게 했다. 바다 건너편 해병대 초소 안은 어두워 아무런 움직임도 보이지 않았다. 혹시 총구가 나를 향하고 있지 않을까. 가늠좌로 나를 조준하진 않을까. 근무자가 장난으로 방아쇠를 당기지 않을까. 엉뚱한 생각이 찬 바람과 함께 나를 스쳐 가 순간 섬뜩했다. 쉴 새 없이 부는 바람이 광성보를 내려오는 발걸음을 더 재촉했다. 집을 나설 때 날씨가 추우니 옷을 더 두껍게 입고 가라는 아내의 말을 듣지 않은 걸 후회했다. 고인돌, 전등사, 정족 사고, 범종을 설명할 때마다 볕 좋은 곳에 자리 잡아 몸을 데웠다.

점심에는 뜨끈한 온돌방에서 막걸리 몇 잔으로 몸을 녹이고 난 후, 강화학파 이건창 생가 방문으로 오후 답사 일정이 시작됐다. 이건창 생가는 어린 시절 마을에서 흔히 보던 아담한 초가집이었다. 남향집이라 볕이 잘 들어서인지 마당 군데군데 눈이 녹아 황토색 흙바닥이 드러났다. 나는 볕을 찾아 해설자 뒤에 자리 잡았다. 순간 안타까운 모습 하나가 눈에 들어왔다. 큰 키에 유난히 추워 보이는 중년 남성, 그의 닉네임이 '콩나물'임을 난 알고 있었다. 그는 마치 선선한 초가을에 떨어진 담배 사러 마실 나온 사람처럼 가볍게 입고 모자도 장갑도 없었다. 흰색과 검은색으로 뒤섞인 그의 긴 머리카락은 바람에 날릴 때마다 안쓰럽게 속살을 힐끗힐끗 드러냈고, 아무것도 두르지 않은 마르고 주름진 긴 목에는 닭살이 돋아 보였다. 목도리를 매어 주고 싶은 마음이 들었다. 얼마나 추울까. 이런 내 마음을 비웃듯 콩나물은 바지 주머니에 손을 꾹 집어넣고 꿋꿋하게 응달에서 해설을 듣고 있었다. 그는 해설이 끝나자 돌담 뒤 양지바른 구석에서 바닥을 내려다보며 혼자 담배를 피우고 있었다. 나는 담배의 뜨거운 기운이 몸속으로 들어가면 조금은 따뜻하겠지 혼자 중얼거렸다. 그는 철종 생가 견학을 마지막으로 더 이상 버스에서 내리지 않았다.

다음 코스는 연미정, 해 질 무렵이라 버스 밖 추위는 생각조차 하기 싫었다. 차에서 내리기 싫었지만, 마지막이란 말과 진행자의 설득에 모자와 마스크, 옷깃으로 바람을 막고 주머니에 손을 깊게 찔러 넣고 버스에서 내렸다. 나는 오전에 칭찬받던 간지를 버렸다. 가파른 길을 따라 정자로 올라갔다. 심술궂은 한강 물과 바람은 버스에서 내린 걸 금방 후회하게 했다. 한강 가장자리에는 얼음이 군데군데 모여 있었고 강물은 바람에 일렁거렸다. 조금이라도 바람을 피하고자 성벽을 등지며 해설자에게 성의를 표했다. 해설자의 손놀림과 입에도 한계가 온 것 같았다. 모자와 마스크 사이로 지나는 바람은 댓잎처럼 예리해 마치 종이에 베이는 것 같았다.

옛날 서해 상인들이 정자 밑에 닻을 내려 조류를 기다려 한강으로 들어왔다는 해설자의 말에 겨울에는 아니었을 거라고 생각했다. 정자 양쪽 느티나무는 기둥만으로도 웅장했다. 여기 카페 했으면 좋겠다. 정말 끝내주는 전망이다. 최고의 절경이다. 내 땅이었다면 좋겠다. 여름에 아내랑 같이 다시 와야지. 일행들은 한마디씩 툭툭 던지고 끝나지 않는 해설에도 하나둘 버스로 뛰어 내려갔다. 나도 지금 내려갈까, 해설이 끝날 때까지 기다릴까, 조금만 더 있을까, 갈등할 때 해설자의 설명이 끝났다. 아마도 답사자들이 하나둘 자리를 뜨자 해설자도 서둘러 끝낸 것 같았다. 이러다 피가 얼지 않을까? 아니면 뼈가 얼어 부러지진 않을까도 생각했다. 빠른 걸음으로 버스에 오르니 많은 사람들이 자리에 앉아 있었다. 답사를 포기하고 차에 있었던 사람들이 더 많았다. 이로써 답사의 모든 일정은 끝났다.

    집에 돌아와 날씨를 확인해 보니 최저 기온 영하 14도, 최고 기온 영하 9도로 그해 최고의 한파라고 했다. 입술, 얼굴, 머리, 목. 노출된 모든 부위의 감각을 얼려 버릴 것 같은 칼바람은 몸속 깊숙한 뼛속까지 파고들어 생에 가장 추운 날로 기억되었다. 아침에 옷장 깊숙이 박혀 있던 내복도 꺼내 입었지만, 오늘 같은 영하의 날씨와 칼바람엔 턱없이 부족했다. 답사에서 무엇을 듣고 무엇을 배웠는지는 아무 기억도 없다. 공부도 구경도 몸이 편해야 한다는 본능을 확인했다.
    이번 겨울 답사는 "멋 부리다 얼어 죽는다."라던 어려서 자주 듣던 어른들의 흔한 말을 온몸으로 배운 경험이었다. '콩나물'도 그랬겠지.

내 친구는 뜻밖의 섬에 산다

내 친구 철이는 4년 가까이 월말 부부로 지냈다. 초반에는 주말 부부였다. 한 달에 두 번 집에 왔지만 시간이 흐르며 집에 오는 횟수가 점점 줄어들더니 언제부터인지, 무슨 이유인지 모르지만 한 달에 한 번 집에 왔다. 그러다 마침내 지난해 11월에 월말 부부 생활을 끝냈다.

함께 산 지 일주일쯤 지난 어느 날 아내가 불편해하는 것 같았다. 아내가 말로 표현하지 않았지만 괜스레 미안한 마음이 들었다. 그럴 때면 철이는 내 집에 내가 사는데 시간이 지나면 나아지겠지 생각했다. 늦게 퇴근하는 날 안방에 들어가니 아내는 침대 중앙에서 자고 있었다. 자는 사람 깨우기 미안해 거실 소파에서 잤다.

아침에 아내가 말했다.

"침대에서 자지, 왜 거실에서 자?"

그러고도 며칠 더 소파에서 잤다. 안방에서 자라는 아내의 말은 이제 사라졌다. 일찍 퇴근하는 날도 철이는 거실에서 잤다. '오랫동안 떨어져 살았으니 혼자 자는 게 편하겠지. 나도 거실에서 혼자 자는 게 편하니.' 라고 생각했다.

어느 날 아파트 주민들이 배관 공사가 늦어져 집에서 텐트를 치고 생활한다는 뉴스를 봤다. 텐트에서 자면 편할 것 같아 퇴근길에 텐트를 샀다. 설치하기 편한 원터치형으로. 첫날 거실에 텐트를 펼치자 아내와 딸은 캠핑장 같다며 좋아했다. 아들은 텐트에서 몇 번 함께 잤지만, 아내와 딸은 한 번도 자지 않았다. 언제부터인가 텐트로 향하는 가족들의 발길이 뚝 끊어졌다. 이렇게 철이의 텐트 생활은 시작됐다.

퇴근하면 아내가 차려 놓은 저녁을 혼자 먹고, 텔레비전을 보거나 텐트에 들어가 휴대폰을 들여다보다 잠을 자고 아침에 출근했다. 일주일이 한 달로, 한 달이 석 달을 지나 어느덧 아파트에서 뜻밖의 섬 생활을 하고 있었다. 철이는 저녁을 먹고 나면 습관적으로 텐트로 들어갔다. 텐트에 들어앉아 있으면 가끔은 집 안에 쓸모없이 방치된 오래된 물건 같은 기분이 들기도 했다. 이따금 서글퍼질 때면 30년간 일해 편히 발 뻗고 잘 수 있는 나만의 공간을 얻었다고 스스로 위로하기도 했다.

한 번쯤 아내가 텐트 밖으로 나오라고 하면 탈출할 수 있을 텐데 생각했다. 하지만 지금까지 한 번도 없었다. 그냥 재미로 시작한 텐트 생활은 그의 뜻밖의 섬이 되었다.

"내가 섬 주인은 맞지?"

술자리에서 얼큰하게 취한 철이가 나한테 물었다. 철이는 더 할 이야기가 있는지 2차를 가자고 했다. 우린 어설픈 어깨동무를 하고 2차로 향했다.

대학에서 건축공학을 전공하고 졸업 후 대형 건설회사에 입사했다. 부산 현장을 시작으로 울산, 광명, 춘천, 남양주를 거쳐 마곡 신도시 초등학교 건설 현장을 끝으로 첫 번째 회사를 그만두었다. 40대 후반 나이였다. 울산 현장에서 IMF를 맞았다. 이때 처음으로 아파트를 분양받았다. 내 집 마련 계획과 자금 여유와 상관없이 회사에 계속 근무하고 싶어 그랬다. 회사 보유분 미분양 아파트였다. 높은 이자로 아내가 불만을 퍼부을 때면 어디론가 도망가고 싶었지만 그러지 못했다. IMF가 끝나고 한참 후 아파트값이 조금 올라 아내에게 체면이 서긴 했다.

20년간 다니던 회사를 그만두고 지인 소개로 당진 빌라 건설 현장 소장으로 취업했다. 이때부터 월말 부부 생활이 시작됐다. 가족과 떨어져 혼자 당진에서 생활하며 현장 식당에서 끼니를 해결했다. 건설 관계자들과 저녁 술자리가 잦았다. 언제부터인가 이유는 알 수 없지만 몸무게가 줄기 시작했다. 큰 병인가 걱정스러운 마음에 병원을 찾았다. 건강 검진 결과 당뇨 진단을 받았다.

당뇨 약을 받아 숙소로 돌아와 아내에게 전화했다.

"무턱대고 약부터 받아 오면 어떻게 해? 당뇨 처방받으면 어떤 보험도 가입할 수 없는데, 왜 물어보지도 않고…."

남편의 건강보다 보험을 언급하는 아내가 남처럼 느껴졌다고 철이는 긴 한숨을 쉬며 말했다. 가끔씩 나는 철이와 만나 소주잔을 주고받으며 세상살이 어려움을 서로 위로하곤 했다.

현장 소장을 그만두고 지난해부터 분양 사무실로 출근했다. 당진 현장 소장을 그만둘 때 받은 퇴직금 일부를 아내 몰래 가지고 있다가 분양 실적이 부족하면 그 돈을 보태 생활비로 주곤 했다. 퇴직금이 줄어들 때마다 불안감은 커져 갔다. 분양 사무실로 첫 출근 할 때 거울 속 모습을 보고 울었다. 유행이 한참 지난 양복에 왜소해진 어깨로 양복과 몸은 따로 놀아 갑자기 늙어 보였기 때문이었다.

'현장 작업복은 잘 맞았는데….'

혼잣말을 몇 번 되뇌었다. 현장에서 모자를 쓸 때는 몰랐는데 머리카락이 빠져 듬성듬성 속살이 보였고, 이마의 깊은 가로 주름과 양미간에 생긴 세로 주름이 T 자로 자리 잡아 돌아가시기 전 아버지가 보였다. 아버지도 평생 고생하시고 나이 들며 약을 달고 사셨지만 살갑게 다가가지 못해 새삼 가슴이 아팠다. 아버지는 실향민이었다. 가까운 친척 없이 부산으로 피난 내려와 부두 일용직부터 건설 현장 일용직까지 닥치는 대로 일했다고 알고 있다. 아버지가 얼마나 고생했는지는 한 번도 깊게 생각해 본 적은 없었다. 아버지도 지금 내 마음 같은 날이 있었을까? 아버지는 무슨 마음으로 고생을 마다하지 않았을까? 이런저런 생각에 깊은 한숨만 나왔다. 좀 잘해 드릴걸. 후회했다.

철이는 마지막인 듯 술잔을 비우며 말을 이어 갔다. 언젠가 철이가 약을 먹을 때 내가 농담을 던졌다. 딱히 위로할 말이 없어 그랬다.
"당뇨, 고혈압, 고지혈 약으로 한 끼를 먹어도 배부르겠네."

은퇴 후 귀촌한 사람들이 텔레비전에 자주 보인다. 다들 여유와 행복감을 느끼며 새로운 인생을 산다고 한다. 가끔은 섬에서 생활하는 은퇴자도 있다. 철이는 도시 속 섬 생활을 하고 있다.
철이의 섬 생활을 전해 들은 친구들은 한마디씩 했다.
"역시 철이야."
"넌 참 특이한 놈이야!"
내 친구 철이는 분명 아파트에 산다. 뜻밖의 섬지기로. 철이가 행복했으면 한다.

선유도의 봄

　책장에 꽂힌 자료집을 이리저리 옮겨 본다. 정리해 두었던 사기(史記) 자료가 보이지 않는다. 어디 갔을까? 아내에게 물었지만 모른다는 대답이었다. 몇 번을 뒤적거리고 있으려니 바닥에 뭔가 툭 떨어졌다. 옛 직장의 사보였다. 화사한 개나리꽃이 만발한 표지 중앙에 15년 전의 내 모습이 보였다. 이런 때도 있었구나. 짧게 미소 지으며 천천히 사보를 펼쳐 본다. 사보를 몇 페이지 넘기자 몇 장의 사진과 내 인터뷰 기사가 익숙하면서도 어색하게 느껴진다. 선유도의 봄과 함께.

　"잠깐만요! 시선은 비스듬히 위로 보시고, 한쪽 다리는 살짝 올리고 다른 쪽 다리는 편하게 하시고. 좀 웃으세요."
　사진기사가 말했다. 그러고도 자세를 몇 번 더 바꾸고 고쳐 주고 수정하기를 반복했다. 사진을 몇 번 더 찍었는지 알 수 없지만 점심 먹고 시작한 촬영은 늦은 오후가 되어 끝났다. 시작할 때의 즐거움과 기대는 시간이 지나면서 짜증과 피로로 변해 갔다.
　"자, 여기 보세요!" "마지막입니다!"라는 사진기사의 말에 또 카메라 렌즈를 향해 어색한 웃음을 지어 보였다. 그러고도 예닐곱 번은 더 찍고 나서 사진기사는 "수고하셨습니다. 오늘 하루 고생 많이 하셨네요." 라며 멋쩍게 웃었다.
　2005년 3월 중순의 햇살은 따사로웠지만 사나운 겨울 성질을 버리지 못한 쌀쌀한 바람 탓에 촬영 내내 몸이 으슬으슬했다. 사보 촬영이 있다기에 봄 정장을 새로 마련했다. 하지만 그날따라 흐린 날씨라 촬영하기 전부터 따뜻함이 그리웠다.

촬영을 마치고 선유도를 나올 때 긴 머리를 늘어뜨리고 바람에 흐느적거리는 수양버들 가지에서 돋아난 새순은 푸른빛도 연둣빛도 아닌 중간 빛깔이었다. 꽃 이름은 모르지만 산수유꽃처럼 보이는 노란 꽃도 눈에 띄었다. 화려하지도 않고 화사하지도 않은 작은 꽃은 마치 껍데기가 반쯤 벗겨진 노란 좁쌀 같았다. 미동조차 없는 미끈한 소나무의 끝 가지에 붙은 이파리는 바람에 쓸려서인지 바람을 피하려는지 이리저리 흔들리고 있었다. 저 멀리 보이는 소나무 몇 그루는 사막의 기린처럼 세상을 내려다보며 기세등등하게 선유도를 주인처럼 지키고 있었다. 이름을 알 수 없는 키 작은 나무들은 군데군데 자기들끼리 모여 있었다. 싹과 꽃이 없는 메마른 나무들도 이른 봄을 맞이하고 있었다.

나는 지난해 가장 우수한 실적을 낸 직원에게 수여하는 대상 후보자로 추천되었다는 사실을 며칠 전에 알게 되었다. 각 본부에서 추천된 후보들 중 최종 5명이 후보로 이름을 올렸다. 회사 내부에서는 벌써부터 누가 수상자가 될 것이라는 소문이 꼬리에 꼬리를 물었다. 그중 내 이름도 가끔씩 오르내렸다. 그럴 때마다 태연한 듯 행동했고, 축하한다는 동료들의 인사에 마음에도 없는 말로 화답했다. 하지만 속으로는 내가 수상할 가능성을 몇 번이고 계산해 보기도 하고, 가장 큰 경쟁자의 실적을 곱씹어 보기도 했다.

수상자를 선정하는 심사위원회가 열리는 날 오후, 일에 집중할 수 없었다. 심사 회의는 오후 4시부터 시작되었다. 보통 1시간이면 수상자가 결정되지만 6시까지 통보가 없었다. 가끔 내 자리를 지나던 동료들이 결과를 물어보기도 했다. 7천 명이 넘는 직원들 중에 선발하는 것이기에 겉으로는 표현하지 않았지만 속으로는 상을 받고 싶은 마음이 간절했다. 더 기다려 볼까 고민하고 있을 때 술 한잔하자는 동료를 따라 퇴근했다.

술자리 동료들은 수상자 발표에는 관심도 생각도 없는 듯했다. 나는 술잔이 돌 때도 간간이 휴대폰을 확인했고, 머릿속으로는 심사위원 각자의 성향, 본부장님의 파워, 사장단의 성향을 계산하고 있었다. 지난 연말 당연하게 여겼던 특별 승진 심사에서 부사장님의 고집에 당한 기억이 있기 때문이었다.

연락이 없어 수상을 포기하고 술잔을 들이켜며 마음을 달래고 있으려니 휴대폰 벨이 울렸다. 화면에 본부장님 이름이 떴다. 순간 '미안하다고 말하면 어쩌나, 동료들에게 뭐라고 말할까, 떨어졌구나.' 하는 생각이 스쳤고, 급하게 술집 밖으로 나와 통화 버튼을 눌렀다.

"축하해!"라는 본부장님의 한마디에 긴장이 풀리는 대신 흥분하기 시작했다. 상금 1천만 원, 가족 해외여행 경비 2천만 원, 특별 승진, 두 냥짜리 금메달, 표창패, 창사기념일 기념식에서 가족이 동반 수상 하는 등의 다양한 특전을 내가 누리게 된 것이었다. 포상 기준 변경 탓에 수상자 결정이 늦어졌다는 본부장님의 말은 한참 지난 후에야 기억이 날 정도로 나는 통화 내내 몹시 흥분해 있었다. 창사 기념일까지 내내 술 사라며 동료들이 축하해 주었다. 사장님도, 본부장님들도, 팀장님들도, 경비 아저씨들도, 식당 아주머니들도, 미화 아주머니들까지도. 창사 기념일까지 하루하루가 마치 봄날 꿈길을 걷고 있는 것처럼 마냥 행복하기만 했다.

창사 기념일 당일, 나와 아내는 새벽부터 몸단장으로 바빴다. 나는 며칠 전 백화점에서 샛노란 넥타이를 구입했다. 그 넥타이에 감색 양복 정장을 챙겨 입었다. 아내는 나보다 더 바빴다. 아침 일찍 미용실에 가서 머리를 단장했다. 백화점에서 구입한 하얀색 계열에 엷은 노란색이 감도는 정장도 갖춰 입었다. 결혼하고 지금까지 고생해 화장이 제대로 안 된다고 투덜대며 씁쓸히 웃었다. 그러면서도 흥분과 긴장감은 점점 더해 가는 듯했다.

"긴장하면 어떡하지?"

아내가 물었다.

"그냥 하라는 대로 하면 돼. 연습도 한 번 할 거야."

나는 아내를 다독였다.

마음의 준비는 아직 안 되었는데, 1호차 운전기사로부터 아파트 주차장에 도착했다는 전화가 걸려 왔다. 아주 비싼 회장님 승용차와 대기하고 있던 운전기사를 창밖으로 내려다본 아내는 감탄했다.

"이렇게 멋지고 고급진 차를 다 타 보네, 멋지다."

우리가 주차장에 도착하자 정장을 입고 머리를 단정하게 빗은 운전기사는 깍듯이 인사하고 회사에서 준비한 꽃다발을 아내에게 건넸다.

"축하합니다. 모시게 되어 영광입니다."

아내는 얼떨결에 꽃다발을 받았다. 운전기사는 마치 영화에서 본 것처럼 정중하게 승용차 뒷문을 열어 주었다. 아내와 나는 뒷좌석에 나란히 앉았다. 푹신하고 편안했다. 운전기사는 이동거리, 소요 시간, 아침

식사 메뉴 등을 설명했다. 아내도 나도 차 안에서 별다른 말은 없었다.

행사장에 도착해 회사 임원들, 행사 진행자들과 돌아가며 인사를 나눴다. 표창패는 내가, 금메달은 아내가, 꽃다발은 함께 받았다. 임원과 동료들의 축하를 받고 기념 촬영, 케이크 전달, 회장님 축사 등 정해진 일정을 마쳤다. 행사 내내 아내는 실수할까 긴장했지만 쓸데없는 걱정이었다. 아내는 행사 내내 표창패보다 금메달을 들여다보았다. 그리고 금메달이 자기 것이라는 말을 몇 번이나 되풀이했다.

오늘도 따스한 봄바람이 불어온다. 나른한 오후다. 창밖에 보이는 화단의 산수유꽃이 그날의 선유도와 닮았다. 나의 젊은 날 선유도의 봄은 행복이었다. 아내도 그랬을 것이다. 추억에 잠겨 금메달을 들여다보고 있자니 이번 봄엔 선유도에 가 보고 싶다. 그날의 선유도를 그리며.

언제 또 웃을까?

오늘은 웃음 치료 강의를 들었다. 하루 일과를 마치고 저녁 먹기 전 강의라 어깨부터 가라앉는 기분이었다. 강사는 열심히 수강생들에게 웃음을 유도해 보지만 대부분 쉰이 넘은 남성들이라 큰 호응은 없었다. 그나마 다행히도 군데군데 모여 앉은 여성들의 웃음소리가 간간이 들렸다. 시간이 지남에 따라 강사는 더 큰 액션과 어른들이 밤에 쓰는 말도 섞어 가며 우리를 웃기고자 노력했다.

나는 웃음으로 치료는 할 수 없어도 건강에 도움은 될 것이라 확신하기에 어색함과 쑥스러움을 참고 열심히 강사의 요구를 따라 했다. 그런 노력에 보답이라도 하듯 강사는 나를 보고 인상이 좋다며 칭찬했다. 젊어서는 잘생겼다는 말을 듣곤 했지만 언제부터인가 인상 좋다는 말을 자주 듣는다. 시간이 지날수록 강사의 발걸음은 호응이 좋은 여성 수강생들에게로 다가갔고, 그 자리에 한동안 머물렀다. 남성 수강생들의 웃음은 포기한 듯했다.

집에 가는 길에 신호등 앞에서 승용차 브레이크를 밟은 채 거울 속 내 얼굴을 천천히 들여다보았다. 오늘은 주름이 유난히 많고 깊어 보였다. 강사의 말대로 그냥 혼자 웃어 보았다. 소리 내어 웃어도 보았다. 얼굴에 새겨진 주름은 조금도 펴지지 않았다. 그래도 웃어야지. 카페 아저씨와 아주머니, 그리고 택시 기사를 생각하며.

휴일 오후 헬스장에 가면 만나는 아저씨가 있다. 언제 처음 만났는지 기억은 없다. 아마도 서로 인사하며 지낸 지 4년은 넘은 것 같다. 헬스장에 오면 스트레칭, 걷기, 가벼운 근력 운동, 사우나를 하고 운동을 끝낸다. 아저씨는 헬스장의 비슷한 나이 또래 누구와도 인사를 나눈다. 심지어 한참 어린 사람에게도 그렇다. 혹시 이 동네 유지인가? 돈이 많은 사람인가? 정치하는 사람인가? 아저씨의 직업, 고향, 경제력 등 배경이 궁금했다. 궁금하다고 직접 물어볼 수 없었다. 한참 지난 후에 알았다. 아저씨의 직업이 택시 기사라는 것을.

어느 날 아저씨가 사우나에 앉아 있는 나를 보고 밝게 웃으며 인사를 했다. 그때 깨달았다. 아저씨가 많은 사람들과 인사하고 지내는 이유를. 헬스장에서 자주 보는 사람이라고 다 인사하며 지내지는 않는다. 몇 년을 봐도 인사 없이 지내는 사람도 많다. 아저씨는 항상 웃고 먼저 인사한다. 택시 기사라 몸에 밴 직업 정신만은 아닌 듯하다. 헬스장에서 만나는 사람들이 손님은 아니니까. 아저씨와 나는 인사를 넘어 서로의 안부를 묻기도 한다. 이제는 멀리서 보이면 가까이 다가와 인사한다. 어제도 그랬다. 이는 순전히 아저씨의 미소 덕분이라고 생각한다.

내 직장 사무실이 있는 빌딩 1층 모퉁이에 카페가 있다. 아침을 먹지 못하고 출근하는 직장인에게 샌드위치를 팔고 낮에는 커피와 음료를 판다. 카페 공간은 세 평 정도로 50대 부부가 함께 일한다. 아저씨는 아침을 굶고 출근한 인근 빌딩 직장인들에게 샌드위치를 배달하고 오후에는 커피와 음료를 배달한다. 아주머니는 주문받은 샌드위치, 커피, 음료를 만든다. 점심시간에는 배달보다 찾아오는 손님 응대하기 바쁘다. 카페는 대부분 셀프로 운영된다. 주문하고 기다렸다 음료가 완성되면 아주머니가 "아메리카노 두 잔 나왔어요!"라고 외친다. 그러면 주문한 손님이 가지고 간다.

  카페 안에는 커피 머신, 과일주스를 만드는 기계, 샌드위치용 채소, 과일, 달걀, 식용유, 뜨거운 불판, 컵, 쟁반, 냅킨으로 가득 차 있다. 언뜻 보기에도 두 명이 함께하기엔 좁아 보인다. 의자 놓을 공간도 없어 부부는 서서 일한다. 아저씨 얼굴은 햇볕에 그을렸는지 검고, 아주머니 얼굴은 불판에 익었는지 붉다.

  카페 앞에는 가로수로 심은 빌딩 4층 높이로 유난히 큰 은행나무가 있다. 은행나무는 넓은 그늘을 만들고, 아저씨는 은행나무 그늘 아래 테이블과 의자를 놓아 야외 카페를 만들었다. 주변 직장인들이 앞다투어 자리 잡기를 한다. 가끔은 테이블이 다섯 개로 늘어나기도 한다. 날씨 좋은 봄, 가을, 그리고 초여름엔 점심시간 여유를 즐기며 지나가는 사람 구경에 더할 나위 없는 명당이다.

  나는 일주일에 서너 번은 그 카페에 간다. 그래서 단골이라고 생각한다. 갈 때마다 카페의 또 다른 단골인 70대 어르신이 있는지, 있다면 어느 자리에 앉아 있는지를 먼저 확인한다. 그 어르신은 항상 단정한 하얀 셔츠에 넥타이를 하고 계셨다. 모습과 행동으로 그 어르신의 직업은 세무사나 회계사일 것이라고 믿고 있다. 그 어르신은 주변 사람들의 기분은 아랑곳하지 않고 앉은 자리에서 담배를 서너 개비나 피운다. 매일 피운다. 나는 담배 연기가 싫다. 그 어르신이 없는 날이면 카페 아주머니에게 서둘러 음료를 주문하고 테이블을 차지한다. 담배 연기가 싫어도 가끔은 저 연세에 저렇게 담배를 피울 수 있다는 것을 칭찬하기도 한다.

카페 아저씨와 아주머니는 평소 말이 없다. 말만큼이나 웃음도 없다. 아저씨와 아주머니의 웃는 모습을 본 기억이 없다. 좁은 공간에서 온종일 일하니 답답해 웃음을 잃어버렸나 싶다. 카드를 내밀며 음료를 주문하면 아주머니는 말없이 카드 단말기를 조작하고 결제한 후 카드와 영수증을 건넨다. 아주머니와 손님 간에 눈 맞춤도 없이 거의 기계적으로.

역시 카페를 이용한 지 3년이 지났으나 아저씨나 아주머니가 먼저 인사한 적은 한 번도 없었다. 나도 그렇다. 다만 말없이 서로 가볍게 목례를 나눈 적은 가끔 있었다. 그래도 불편함은 없었다.

그런데 얼마 전 아주머니가 웃으며 말했다.

"요즘 토마토가 너무 비싸 토마토주스는 없어요."

3년 동안 제일 길게 한 말인 듯했다. 웃음은 처음인 듯했다.

오늘도 카페에 갔다. 그리고 카페 부부는 오늘도 웃지 않았다. 커피와 주스를 주문했지만 아무 말이 없었다. 어제나 그제처럼. 카페 부부는 언제 또 웃을까? 카페에 더 자주 가면 웃을까? 헬스장 아저씨의 미소와 비교해 보면 좁은 공간이 카페 부부의 웃음을 빼앗아 간 이유는 아닌 것 같다. 어쩌면 바쁜 일상 탓에 카페 부부는 말과 웃음을 잃어버렸을지도 모른다. 부부의 속사정을 모르고 웃으라고 할 수는 없는 노릇이지만, 웃으면 손님들도 편할 테고 단골도 더 많아질 텐데, 하며 혼자 생각해 본다.

집에 오자마자 욕실 거울을 들여다보았다. 혹시 내 얼굴도 그런가 싶어서. 그럴 때마다 그냥 웃어 봐야겠다. 헬스장 아저씨처럼.

아직도 이루지 못한 기도

"여기 살기 좋아요. 학원이 가까워 애들 공부시키기 좋고요. 근데 말씀드리기 좀 그렇지만, 아랫집 아저씨가 좀 그래요. 저희랑 몇 번 싸웠어요. 경찰도 몇 번 다녀갔는데 별로 달라진 건 없어요."
세입자가 아내에게 한 말이었다. 4년 전에.

이 말을 들은 나는 이사 오기 전부터 아랫집 남자에 대해 경계심을 가졌다. 가끔은 궁금하기도 했다. 어떤 사람이기에 전 세입자가 그렇게 이야기했을까? 이사 온 후 몇 번 아랫집 아저씨와 마주쳤다. 자그마한 키에 덥수룩한 구레나룻뿐만 아니라 얼굴 전체에 털이 수북했다. 아마도 면도를 안 해서가 아니라 수염을 기르고 있는 듯했다. 등산복 입은 모습을 자주 보았다.

아저씨는 일정한 직업이 없어 아내의 경제 활동으로 가정을 꾸리고 있다는 이야기를 아내에게 들었다. 승강기에서 마주친 아저씨의 아내는 공손하게 인사하고 조심스럽게 행동했다. 딸은 누구나 알 만한 연예기획사 아이돌 연습생이고 아들은 대학생이라고 아내에게서 들었다. 아저씨는 휴일 아침이면 매번 아들, 딸, 아내를 승합차에 태우고 어디론가 가곤 했다. 등산복이 아닌 깔끔한 외출복을 입고 양손 가득 짐 꾸러미를 들고 있었다. 그때까지 아랫집 아저씨에게 경계해야 할 특별한 이유를 느끼지 못했다.

어느 날 오후 아내에게서 전화가 왔다. 조용한 집에 주문을 외우는 듯

한 소리가 계속 들린다고 했다. 몇 시간째 계속되고 있다고 했다. 나는 대수롭지 않게 생각하고 "잠깐 어디라도 다녀와. 그럼 그치겠지." 대답했다. 어떤 날은 소음이 계속되어 혼자 집에 있기 무섭다고 했다. 나는 그때도 공감하지 못했다. 아내가 예민해서 그럴 거라 생각했다. 가끔은 핀잔을 주기도 했다. 아내도 처음엔 층간 소음을 알지 못했다. 전 세입자가 층간 소음을 정확하게 말하지 않고 아랫집 아저씨가 문제라는 말만 하고 떠났기 때문이다. 얼마 전 소음의 발원지가 아랫집임을 알았다.

"아랫집이 아무래도 이상해. 교회도 아니고 기도원도 아닌데 기도 소리가 엄청나. 벌써 한 시간 넘게 하고 있어."

아내가 짜증 섞인 말투로 또 전화했다. 경찰에 신고한다는 아내의 말에 말렸다.

"목 아프면 그만두겠지. 그냥 카페나 다녀와."

그날은 평소와 달리 혼자가 아니라 여러 명의 소리라고 했다. 아내는 궁금해 전 세입자와 통화했다고 했다.

"아랫집 남자는 동네 할머니들을 모아 집에서 방언 기도를 해요. 윗집, 옆집 신고로 경찰이 여러 번 다녀갔지만 별 소용이 없었어요. 그래도 아랫집 아주머니는 공손해요. 심하게 하고 싶었지만 두 집 모두 세입자라 참았지요."

우리도 아랫집 아저씨의 기도를 멈출 수 없었다.

휴일 오후였다. 먼지인지 벌레인지 언뜻 분간이 안 되는 뭔가가 허공을 날아다녔다. 계속 보고 있자니 날벌레였다. 잡으려고 휴대폰을 놓고 두 손을 준비하고 있으면 어디론가 사라졌다. 잠시 후 나타나 준비

자세를 취하면 또 사라졌다. 어디선가 날벌레가 날 보고 있다는 생각이 순간 떠올랐다. 속으로 '이놈이 나보다 한 수 위네.' 생각하고 날벌레 잡기를 포기했다.

　날벌레는 눈앞에서 사라졌지만 소리는 남았다. 분명 날벌레는 소리가 나지 않았는데. 멀리서 들려오는 풀벌레 소리 같기도 하고, 윙윙거리는 건지 웅성거리는 건지 분명하진 않지만 분명 매미 소리는 아니었다. 나는 소리를 쫓아 귀를 기울였다. 분명 방바닥에서 나는 소리였다. 아랫집 아저씨의 층간 소음임을 깨달았다.

　기도 소리가 심하게 들리던 날, 나는 아랫집 남자의 기도는 도대체 어떤 내용일까 궁금해졌다. 또 '나의 간절함은 무엇일까? 내가 절박한 심정으로 기도했던 적은 언제였던가?' 생각해 보았다.

　큰아들이 일곱 살 때였다. 잠시도 가만히 있지 못하고 쏘다녀 눈을 뗄 수 없었다. 어느 날 잘 시간에 아이가 머리를 계속 만지작거리고 있었다. 아이의 머리에 손을 대자 어른 손바닥만 한 크기의 혹이 붙어 있었다. 물컹거렸다. 혹을 누르며 아프냐고 물었지만 아니라고 했다. 아이에게 혹의 자초지종을 물었지만 혼날까 그런지 모른다고만 했다. 그때부터 우리 부부는 아이의 뇌에 문제가 있으면 어쩌나 걱정하기 시작했다. 밤새 병명, 후유증, 치료 시나리오를 쓰고 지우기를 반복했다.

　다음 날 아침 일찍 대학병원으로 갔다. 진료하는 의사의 말 한 마디 한 마디에 천당과 지옥을 오갔다. CT 촬영 동안 나는 간절히 기도했다. 아무 일 없기를, 별일 아니기를. 의사는 촬영한 영상을 보여 주며 '특별한 건 없는 것 같습니다.'라고 했다. 확실하게 괜찮다는 말도 아니고 어디를 치료해야 한다는 말도 아니었다. 그러고는 머리는 중요한 곳이고 오늘은 토요일이라서 전문의가 없어 월요일에 다시 오라고 했다. 답답하고 마음이 무거웠다. 대학병원의 진료가 나의 기도를 들어주지 못했지만 조금은 안심했다. 집으로 돌아오는 길에 혹시나 하는 마음에 잘한다고 소문난 동네 작은 병원으로 갔다. 연세가 지긋하신 의사가 아이의 머리를 이리저리 만지더니 고개를 갸우뚱거리기 시작했다. 의사가 무슨 말을 할까 싶어 입을 계속 주시하고 있었다. 잠시 후 의사는 주사기를 가지고 와 아이 머리를 잡았다. 주시기로 혹 속 피를 쭉 뽑았다.

"머리에 혹이 났을 때 가만히 두면 가라앉지만, 누르고 만지면 계속 커집니다. 걱정할 것 없습니다."

"이놈 얌전하게 다녀야지, 너무 쏘다니면 혼나."

의사는 대수롭지 않게 말했다. 의사의 말에 어제부터 시작된 나의 간절한 기도는 이루어졌다. 아이는 멀뚱멀뚱 의사와 우리를 번갈아 쳐다보았다.

아랫집 아저씨의 기도는 밤낮을 가리지 않고 한동안 계속됐다. 그 후로도 2년간 그의 기도는 끝나지 않았다. 아들이 귀국해 세를 주고 나는 다른 집으로 이사를 했다. 그 후 가끔 그 집 앞을 지날 때면 아랫집 아저씨의 기도 소리가 이명처럼 들리는 것만 같다. 아랫집 아저씨의 기도는 언제 현실로 이루어질까?

신은 언제쯤 그의 기도를 들어주실까?

아직도 이루지 못한 그의 기도를 조금이라도 일찍 들어주셨으면 좋겠다. 오래전의 나처럼.

아침에 보내 준 사진 한 장

　12월 휴일 아침 7시에 아는 형님이 카톡으로 산 정상에 오른 모습을 보내 왔다. '노인네 잠도 없어. 휴일에 왜 보내? 혼자나 즐기지.'라고 투덜대지만 매주 토요일이면 어김없이 보낸다. '박 사장, 그만 자고 등산 가자.'라는 글도 함께 보낸다. 이 형님은 봄가을엔 매일 출근 전에 등산을 한다. 주말이면 부부 동반 산악회에 참가하여 등산을 한다. 생활신조 1번은 건강이다. 1년에 몇 번 형수님과 함께 며칠간 등산을 떠나기도 한다.

　사무실을 나오니 메마른 바람이 목을 타고 몸 안으로 깊숙이 들어와 자극했다. 어느새 어둠의 그림자가 건물과 도로를 감싸고 있었다. 손을 주머니에 쑥 집어넣고 목도리를 감아올렸다. '지하철역까지만 가면 찬바람은 끝이다!'라는 심정으로 발걸음을 쉴 새 없이 옮겼다. 퇴근 시간이라 지하철역은 빈틈이 없었다. 차를 기다리는 긴 줄 끝에 섰다. 이번이 급행인데, 꼭 타야 하는데, 탈 수 있을까, 고민할 때 뒤에서 세게 밀어 무사히 탔다. 차가 움직일 때마다 몸은 바람도 지나가기 힘들 정도로 사람들과 밀착됐다. 출퇴근 시간에 흔히 있는 일이라 누구나 무덤덤했다. 어디선가 좋은 향기가 짜증을 막았다. 샴푸 냄새, 화장품 냄새.

　송년회 장소에 도착하자 빈자리가 두 개 눈에 띄었다.
　"왜 이리 늦었어? 항상 가까이 있는 사람이 늦어."

"회장이 늦으면 돼? 왜 이렇게 말랐어? 너무 살 빼지 마. 늙으면 없어 보여."

대답을 기다리는 물음이 아님을 알기에 나는 대답 없이 참석한 회원들과 돌아가며 악수하고 자리에 앉았다.

"늦게 왔으니 벌주!"

내미는 술잔을 받았다. 소맥을 연거푸 두 잔을 남김없이 비웠다. 안주로 낙지를 먹었다. 누군가가 말했다.

"몸에 좋은 건 알아 가지고 오는 사람마다 낙지야."

커진 목소리, 불그스름한 얼굴, 속을 비운 술병, 안주 그릇…. 많이 마신 듯했다. 몇 명 안 되는 직장인은 내년이 마지막이라고 엄살을 늘어놓고, 자영업자는 내년이 더 어려울 거라고 했고, 백수는 그조차도 부럽다고 하며 신세를 농담에 섞어 풀어 냈다. 다음은 자식 이야기로 번졌다. 지난해 딸을 결혼시킨 형님은 손주 기다림을, 결혼을 앞둔 형님은 사위 이야기를, 아들 가진 형님들은 장가 걱정을, 아직 고등학생 중학생 아이를 둔 동생들은 대학 보낼 걱정, 대학생 아버지는 자식의 취업을 걱정했다. 그사이에도 술잔은 그칠 줄 모르고 계속 돌고 돌았다. 하나둘 술잔을 멀리하며 서서히 벽에 의지하기 시작했다.

그때 입사 동기가 내 옆으로 와 앉으며 물었다.

"어디 아프냐? 살 빠진 것 같다."

"아니 별일 없는데."

"난 당뇨라 술을 줄였어. 이제 조금만 마셔. 넌 당뇨 없지?"

동기는 우리 둘의 건강을 걱정했다. 나는 별일 없다고 대답했지만 달

포 전에 아팠다. 가족끼리 간 식당에서 녹두빈대떡을 먹었다. 입안에 넣은 녹두빈대떡이 얼마나 뜨거웠던지 그냥 삼켜 버렸다. 다음 날 새벽에 속이 메슥거리고 답답해 화장실로 달려가 토했다. 하루 종일 불편해 한의원을 찾았다. 급체라고 침과 약을 처방받았지만 이후에도 증상은 계속됐다. 한의원 세 곳을 더 찾았다. 불편한 속은 잦아들었지만 기력이 없고 식욕은 사라졌다. 내과 진료를 받고 링거도 맞았지만 한동안 바뀐 것은 없었다. 계속되는 무기력과 불안한 마음에 하는 수없이 큰 병원을 찾았다. 오전 내내 여러 가지 검사를 했다. 검사 결과에 상관없이 지친 나는 "입원시켜 주세요."라고 부탁했다. 그렇게 생애 처음 입원했다.

혼자 있는 병실이라 조용하고 편했다. 졸리면 자고, 먹으라고 깨우면 먹고…. 평일 낮에 절대 누리지 못할 호사를 누렸다. 저녁에 병문안 온 아내는 기왕 입원한 거 푹 쉬다 오라고 했다. 아내의 얼굴과 말에 걱정이라는 단어를 느끼지 못했다. 처음 느끼는 편안한 하루였다.

다음 날 오전에 담당 의사가 급하게 폐렴이 의심된다며 퇴원을 재촉했다. 코로나19로 확진되면 병원에 큰일 난다고 호들갑을 떨었다. 폐렴약 5일 치를 받고 얼떨결에 강제 퇴원을 당했다. 5일 후 병원에서 폐렴 검사를 했다. 완치라는 말을 듣고 병원을 나왔다. 그때 빠진 몸무게 2킬로그램을 아직 회복하지 못했다.

몸무게를 늘리기 위해서 많이 먹어야 하지만 뱃살 찌는 게 싫어 그러지도 못했다. 한때는 근육이 정지될 때까지 운동하며 고통의 기쁨을 즐겼지만, 언제부터인가 그 지점까지 도달하지 못한다. 헬스장에 가면 나이가 수시로 느껴진다. 그럴 때면 내 또래들보다 낫다고 스스로 위로하고 만다. 앞으로 한 달 내에 원하는 몸을 만들겠다고 하면 아내는 "지금도 괜찮아. 쓸데없는 짓 하지 마."라고 한다. 그래도 회복을 위해서, 아니 늙고 싶지 않아서 운동을 해야 한다.

잠시 정적이 흘렀다. 그때 누군가가 말했다.
"형님! 휴일에 카톡 올리지 마셔."
"그렇게 형수님이 좋아요? 애인이랑 찍은 사진을 올려야지. 형님 애인 없어요?"
그러자 형님은 대답했다.
"너희들도 나이 들어 봐. 마누라와 함께 가야지, 누구랑 가?"
옆에 앉은 이 상무가 아내와의 서운한 상황을 말하자 강 상무는 "당연하지, 이 상무, 힘이 없는데."라고 응수했다. 이때부터는 아내들 이야기로 옮겨 갔다. 한동안 시끌벅적하게 아내 흉을 볼 때 아무 말 없이 조용히 듣기만 한 사람도 있었다. 누군가가 "형님은 겁나는 사람 없어서 좋겠네."라고 생각 없이 말을 던졌다. 형님은 몇 년 전 사별하여 혼자였다. 혼자된 형님이 내색하지 않았지만 쓸쓸해 보였다.
"회장님, 한 말씀 하시고 송년회 끝내죠."라는 말에 나는 "형님 동생들, 내년에도 행복하세요."라고 말하고 다 함께 박수 치며 송년회를 끝냈다.

집으로 돌아가는 길에 오늘 송년회를 돌이켜 봤다. 늙는다는 말이 이제 어색하지 않은 나이들이다. 나는 늙는다는 말이 아직은 어색하다. 스스로 늙었다고 느낀 적도 없다. 그렇다고 젊다고 할 수도 없는 나이다. 앞으로 지금보다 더 젊어지거나 더 건강하지 않을 것임을 알지만 와 닿지는 않는다. 그럼 늙어 가는 길목에 무엇을 준비해야 할까? 아마도 형님이 보내 준 사진 한 장인 듯했다. 형님이 보내 준 사진에는 건강과 아내가 담겨 있다.

홀로 떨어지는 석양을 바라보며 '늙으면 아픈 재미로 산다.'라며 읊조리는 영화의 한 장면처럼 살고 싶지 않다.
아침에 형님이 보내 준 사진처럼 살아야겠다고 다짐해 본다. 복근도 만들며.

궁궐 해설사 흉내

며칠간 영어 공부를 열심히 했다. 지난해 필리핀 갔을 때 하고 싶은 말을 다 하지 못한 답답함에 시작한 것이다. 나는 매년 뭔가를 시작하곤 했다. 그렇다고 도전이라고 말하긴 보잘것없는 것들이다. 시작할 때와 달리 끝날 때 성공이라 부르지 못할 때가 더 많다. 몇 년 전 시도했던 궁궐 해설사도 그렇다.

갑자기 닥친 흙먼지가 시야를 가렸다. 바람이 불 때마다 저 멀리에 군데군데 흙먼지가 일기도 했다. 봄바람이 아직은 매서웠다. 2020년 4월 어느 휴일, 경복궁 매표소 앞에 많은 사람들이 모여 있었다. 그나마 중국 관광객이 없어 조용하다는 주변 사람들의 말도 들렸다. 젊은이들이 입은 한복은 경복궁보다도 아름다웠다. 갓을 삐딱하게 쓴 우스꽝스러운 외국인들의 한복도 정겹다. 어색해하면서도 자신들만의 포즈를 취하며 사진을 찍는 사람들을 보며 나는 친구들을 기다렸다. 매표소 앞에서 벌써 30분 전부터 기다리고 있었다. 약속 시간보다 일찍 도착한 탓이었다. 경복궁 해설을 하고도 싶고, 자랑도 하고 싶어 초등학교 친구들을 불렀다. 오기로 한 친구 중 셋은 이유인지 변명인지를 늘어놓고 미안하다는 말로 불참을 전했다. 나머지 일곱 명은 오늘 나의 궁궐 해설사 실습 대상이 되었다.

배우고 연습한 대로 제일 앞에 있는 광화문을 설명하자 실습 대상들이 나를 신기하게 보았다. 홍례문, 영제교, 기별청을 설명했다. 나의 열정과 달리 전각이 늘어날수록 친구들의 발걸음은 빨라졌다. 설명이 끝나기 전에 이동하거나 자기들끼리 농담을 주고받았고 여자 동창들은 떨어져 사진 찍기에 바빴다. 나의 설명은 갈수록 짧아졌다. 근정전에 들어서자 처음 본 친구들은 신기해했다. 텔레비전에서 많이 본 곳이라, 개중에는 으스대며 와 본 걸 자랑하고 아는 척 허풍 떠는 이도 있었다. 하지만 정확히 아는 건 별로 없었다. 박석, 차일 고리, 품계석을 설명할 때까지는 그나마 태도가 좋았지만, 일월오봉도와 칠조룡을 설명할 때엔 내 주변엔 모르는 관광객들뿐 친구들은 벌써 사라졌다.

관광객의 질문을 받고 같이 이동하며 사정전, 수정전을 설명했다. 처음 보는 사람들이라 긴장하기보다는 해설할 수 있다는 즐거움에 친구들에 대한 서운함도 잊었다. 어느덧 자신감도 조금 생겼다. 산만한 친구들을 보니 짧은 휴식이 필요하다는 생각이 들었다. 경회루 카페에서 커피 한 잔의 여유를 즐기면서 친구들이 칭찬을 늘어놓았다. 촌놈이 별 걸 다 안다고, 얼마나 공부했냐고, 궁궐 해설사를 준비하냐고, 중저음이라 듣기 좋다고, 다른 궁궐도 할 수 있냐고 했다. 온전히 칭찬만은 아닌 것 같았다. 집중하지 않았던 친구들의 미안함이라 생각했다. 그날이 내게는 네 번째 경복궁 해설이었다. 궁궐 해설사 수업 중에 했던 실습과 아내를 상대로 한 연습 그리고 그날 오전의 시연, 오후는 실습 대상 친구들이었다.

오전 시연 때 나는 유화문과 기별청, 근정문을 맡았다. 시나리오를 작성하고 몇 번을 연습했다. 자료는 적당히 암기하고 현장에서 즉흥적으로 해결하기로 했다. 이건 오래된 습관이다. 전날 했던 음주로 인해

속과 머리에 술기운이 진하게 남아 있었다. 집결 장소에 도착하자 동기들이 저마다 연습을 하며 준비를 다하지 못했다는 엄살로 인사를 대신했다. 학생 때 시험 보는 분위기와 흡사했다. 나는 숙취 핑계를 대며 그늘에 앉아 쉬었다. 속으로 연습하면서도 행동은 태연하게, 때로는 빈정거리는 동기들과 너스레를 떨기도 했다.

시연 시간이 되어 이동식 마이크와 이어폰을 착용했다. 평가자는 진행 순서, 평가 항목, 기기 사용법, 감점 요인, 절대 하면 안 되는 주의 사항을 우리에게 설명했다. 각자 맡은 전각 순서에 따라 가장 나이 어린 대학생이 제일 먼저 발표를 했다. 앞선 발표자가 실수하고 내용을 잊어버리면 내가 못하더라도 덜 창피할 텐데 기대했지만 실수는 없었다. 두 번째는 정년퇴임한 교사였는데 그는 직업 때문인가 흠잡을 데 없이 모두에게 박수 받을 만큼 잘했다. 평가자의 칭찬은 순서를 기다리는 나를 더 긴장하게 만들었다. 세 번째 주부. 다음은 내 차례였다.

시험도 아닌데 앞사람이 잘해서인지 순서가 다가올수록 긴장은 더해 갔다. 천천히 해야 되새기며 농담도 섞어 나름 여유도 부렸지만 유화문 시연 때 말이 빨라졌다. 긴장하면 그렇다. 기별청을 설명할 때부터 조금씩 안정을 되찾았고 근정 문을 설명할 때 어설프게나마 해설사 흉내를 냈지만 내 몫은 이내 끝났다. "말이 너무 빨라요." "설명하실 때 몸을 건들거려요." "짝다리는 고치셔야 합니다." "주변 지식이 아주 많아요." "최근 사례를 곁들인 설명 좋아요."라는 평가와 동료들의 피드백을 들었다. 평가 결과와 상관없이 내 순서가 끝나자 몸은 가볍고 마음은 후련하고 홀가분했다. "어, 어."를 반복하고, "그게 뭐더라." "그게 뭐죠? 통 생각이 안 나요."를 몇 번 하던 중년의 동기는 발표를 끝까지 마치지 못하고 중간에 포기하기도 했다. 진땀 나는 발표자의 속도 모르고 우리는 웃고 웃었다. 내 순서가 끝나 더 웃을 수 있었다. 풍월인지 인터넷으로 검색한 건지 사진이 잘 나오는 위치를 알려 주는 동기도 있었고 주변을 빙빙 돌며 핵심을 놓치는 동기도 있었다. 잘할 때는 경청하고 실수하면 다 같이 웃으며 그렇게 우리는 시연을 마쳤다.

준비한 전각 해설이 끝나기 전에 친구들은 다리 아픈 시늉, 허리 아픈 시늉도 했고 얼굴에 지루함이 가득 묻어났다.

처음 느낀 신기함도 궁궐의 아름다움도 사라진 지 오래였고 해설에 대한 무관심은 이미 한참 전부터였다. 나는 오늘 어설픈 궁궐 해설사 흉내를 냈다. 틀려도, 몰라도 지적하지 않는 친구들이라 가능했다. 서촌에서 먹는 막걸리와 안주는 궁궐 해설보다 친구들을 더 즐겁게 했다. 막걸리 잔을 비울 때 아마도 친구들은 처음부터 막걸리와 파전 때문에 모였을지도 모른다는 생각이 들었다. 그래도 괜찮다. 시간 내어 얼굴 보여 주고 들어 준 것만으로 고마운 친구들이라. 친구들은 나에게 다음에 창경궁 해설을 요청했다. '언제'가 빠진 허공 속의 약속이었다. 그때도 창경궁 해설보다 막걸리와 파전이겠지.

나는 또 새로운 뭔가를 배울 것이다. 그냥 재미로.

아직도 억울한 가로수

어느 가을날이었다. 나는 자주 다니던 출근길로 별생각 없이 걸었다. 아파트 단지들 사이로 난 샛길로 향했다. 단지 경계 삼아 심어 놓은 나무들은 햇빛을 완전히 가릴 만큼 울창했다. 내가 이름을 아는 구기자나무, 감나무, 느티나무, 은행나무와, 이름을 모르는 여러 종의 나무들이 모여 숲을 이루고 있었다. 바닥은 붉은색과 시멘트색의 보도블록이 교차하며 가지런하게 깔려 있고, 떨어져 나뒹구는 나뭇잎 하나 볼 수 없이 깨끗했다.

경비 아저씨들은 아침마다 개미 발자국 하나 남지 않도록 각자 맡은 바닥을 몇 번이고 쓸어 냈다. 경비 아저씨 스스로 한 건지, 누군가의 힘 때문인지, 일자리를 지키고 싶은 마음인지 알 수는 없다. 가끔은 경비 아저씨들이 게으름을 피워도 괜찮다고 생각하곤 했다. 오늘처럼 단풍이 아름다운 가을날엔.

나는 어제와 다름없이 주변을 돌아보지 않고 숲을 지나 큰길로 나섰다. 사람들은 각자의 방향으로 부지런히 발걸음을 옮겼다. 뛰어가는 사람을 보면서 조금 일찍 나오면 될 텐데 하는 생각이 들었지만 나 역시 그렇지 못한 건 매한가지였다. 나는 오늘 평소보다 몇 분 일찍 나온 여유와 갈아타기 싫은 게으름을 핑계 삼아 지하철이 아닌 버스를 타기로 마음먹었다. 가을이면 창밖으로 지나가는 풍경이 아름다워 버스를 자주 탄다.

버스 승강장으로 향했다. 승강장으로 가는 길은 다양한 가로수 단풍으로 만추를 느끼기에 충분했다. 오늘은 여유를 즐기며 천천히 주변을 훑어보며 육교를 건넜다. 버스 승강장에 도착하니 바닥에 표시된 버스 번호 뒤로 서너 명이 줄을 서 있었다.

앞사람 뒤에 서서 버스 위치와 도착 예정 시간을 확인했다. 10분 이상을 기다려야 했다. 가끔은 전광판에 표시되는 버스 도착 정보가 틀릴 때도 있지만 습관적으로 확인했다. 앞에 서 있는 사람을 세어 보고 전광판에 표시된 빈자리와 비교했다. 오늘은 분명 앉아 갈 수 있음을 확신했다.

지금 내 앞에 서 있지 않은 할머니 자리도 셈에 넣었다. '할머니는 오늘도 새치기 할 거야.' 생각했다. 할머니는 매일같이 새치기하며 버스를 탔다. 때로는 줄 선 사람을 밀치기도 했다. 일흔 살이 넘어 보이는 할머니는 스카프를 두르고 가끔은 얇은 장갑을 끼기도 했다. 때로는 모자를 쓰기도 했고 때로는 양산을 쓰기도 했다.

"할머니 새치기하시면 안 돼요. 먼저 와서 줄 선 사람이 서서 가잖아요!" 버스 기사는 불평하듯 할머니에게 쏘아붙인다. 그러면 할머니는 "다리가 아파서 앉아서 가려구 그래요." 대꾸하고 앉아 버린다.

"할머니도 일찍 나오셔서 기다리면 되잖아요." 라고 버스 기사는 한번 더 할머니에게 나무라듯 말한다. 그때부터 할머니는 아무런 반응도 하지 않는다.

이런 광경을 몇 번이나 지켜보았다. 같은 시간에 같은 버스를 이용하는 승객들은 할머니의 행동을 그냥 받아들이는 듯 별다른 실랑이를 하지 않았다. 나도 그렇다. 할머니는 일찍 오나 늦게 오나 새치기해 앉아

가는 특권을 매일 누렸다.

할머니는 스마트폰으로 버스 도착 시간을 검색하는 방법을 배웠지만, 줄을 서서 순서대로 버스 타는 건 아직 배우지 못한 것 같았다. 오늘 누군가는 일찍 도착해 줄을 섰지만 할머니의 새치기로 억울하게 앉지 못하겠지. 40분간을. 이런 생각을 하다 큰길 건너편으로 눈을 돌렸다. 처음 보는 광경이었다. 아니 가끔 봤을지도 모른다.

육교 밑에 가로수로 심어진 느티나무였다. 그 나무는 언제부터 불편하게 자라고 있었을까? 나무를 먼저 심었을까, 아니면 육교를 먼저 만들었을까? 아마도 나무 크기로 볼 때 육교를 먼저 만들고 가로수를 심은 것 같았다. 나무는 태양을 보고 싶어 육중한 육교 상판을 피해 여러 방향으로 자라고 있었다. 왼쪽 한 가지는 육교 왼쪽으로, 다른 쪽 네 가지는 오른쪽으로 뻗어 있었다. 중간의 두 가지는 넝쿨 식물처럼 커다란 육교를 머리로 떠받들고 있었다. 천장을 바닥이라 생각하며 네 발을 바짝 붙여 걸어 다니는 도마뱀처럼 나뭇가지와 잎사귀는 육교 밑바닥에 바짝 붙어 있었다.

저 나무는 무엇을 잘못해서 저런 벌을 받을까? 내년 여름엔 또 어떻게 버틸까? 그다음 해 봄은 또 어떻게? 나무는 매년 자랄 텐데. 한 번이라도 다른 나무들처럼 마음껏 자랄 수 있을까? 이런저런 생각에 그저 안타까웠다.

저건 또 뭐야? 하필이면 그 나무 기둥에 '전방 20m 앞 공사 중'이라는 큼지막한 안내판을 매달아 놓았다. 크기와 재질로 보아 엄청나게 무거워 보였다. 옛날 죄인 목에 걸고 다니던 형구가 채워진 것 같았다. 20m

앞을 아무리 찾아 보아도 공사장은 없었다. 이미 공사는 끝난 것 같았다. 최근 6개월 전까지 공사하는 모습을 본 기억은 없다. 아마도 공사는 수개월 전에 끝났을 것이다. 공사가 끝났으면 안내판도 철거해야지! 공사 담당자, 가로수 담당자가 조금만, 아주 조금만이라도 신경 썼더라면 저 가로수도 하늘을 향해 마음껏 자랐을 텐데. 힘들지 않을까? 언제쯤 육교를 벗어날 수 있을까? 가로수는 얼마나 억울할까?

나는 버스에 앉아서 휴대폰으로 검색했다. 가로수 담당 부서와 담당자 연락처를. 가로수의 억울함을 풀어 주기 위해 어디에라도 신고, 아니 요청하고 싶었다. 공무원 근무 시간에 맞추어 시청에 전화했다. 전화를 받은 공무원은 아침부터 별 할 일 없는 인간이 시비를 걸 때 퇴치할 법한 방법으로 변명했다. 자신이 담당이 아닌데 억울하다는 공무원다운 말투였다. 어쩌면 나무는 이런 고단함에 익숙해져 있을지 모른다는 생각도 들었다.

며칠 후 가로수에 매달려 있던 공사 안내판 '형구'는 사라졌지만, 가로수는 아직도 육교를 이고 있었다. 언제쯤 저 고단함이 사라질까? 휘어지고 구부러져 볼품없는 가로수를 베거나 뽑아 버릴까 싶어 시청에 더 이상 전화를 하지 못했다. 공무원의 화가 나무에 미치면 어쩌나? 도와주려다 되레 피해를 주면 나 또한 억울할 것 같았다.

할머니의 새치기로 자리를 빼앗긴 누군가보다, 그리고 나와 통화한 공무원보다 가로수가 더 억울하다고 생각했다. 자신의 뜻과 전혀 상관없이 육교를 이고 있으니 말이다. 나의 행동과 말이 누군가를 억울하게 한 적이 없길 바라 본다. 나무에 안내판을 설치해 놓은 공사 관계자, 육교 밑에 나무를 심은 인부는 알까? 가로수의 억울함을.

지금도 종종 마주친다. 가로수는 아직도 억울해 보인다. 마음 아프다.